断舍离

家的日常

[日] 山下英子 ——— 著

纪鑫 ——— 译

モノが減ると心は潤う 簡単「断捨離」生活

湖南文艺出版社
HUNAN LITERATURE AND ART PUBLISHING HOUSE

博集天卷
CS·BOOKY

断舍离后，可以预见的未来

——充满情趣与平和的生活

您好！欢迎来到山下英子的家，这是我在东京独居的公寓，也是本书内容的关键场景。

承蒙大家支持，"断舍离"已被众多朋友认可，出于工作需要我经常往返于石川（山下英子的老家）与东京之间。几年前，随着往返的频率加大，我独自居住的生活开始了。目前东京公寓是我的主要居住地，我生来头一遭的独居生活也成了常态。在房间墙上装饰着图画，用喜欢的餐具吃饭，在舒适的床上休息……现在的我过着非常自在的"简单生活"。

话虽如此，我也难免有心情忧郁的日子，有时因病闭门休养一段时间。每每这时，激励我振作起来的是我喜爱的赫伦（HEREND，匈牙利国宝级手绘瓷器品牌）茶杯，或是在冲绳买的西撒（シーサー，看起来像狗和狮子组合成的神兽，有"冲绳守护神"之称）画像。家里都是这样能令我振奋的摆件。

本书旨在为这种"成年人的独居生活"提供一些启发。因为任何人或早或晚都会"一个人生活"，怎样接受并享受这独居生活是需要智慧和努力的。书中，我的独居生活将作为一个样本公开，那些"不常示人"的部分也会被一并晒出。很多人认为，独居生活与跟家人一起生活，物品的摆放方法差别很大。其实不然。想要打造舒适、整洁的家，只要记住三个字：断、舍、离。并以"物品是否对自己必需，物品是否合用，物品使用起来是否令自己愉悦"来不断地判断取舍即可。这样一来，空间利用随心所欲，房间布置整洁舒适，清扫打理简单轻松，令生活舒心的良性循环自然会形成。

"断舍离"的基本原则：

● 断——"断"绝物品大量增加。

● 舍——"舍"弃不要的物品。

● 离——反复"断"与"舍",从对繁多物品收纳摆设的追求中脱"离"出来。

"断舍离"是一种思维训练,训练越用心,空间利用越好,生活质量越高。

本书用"断舍离"带您走向美的世界。

何谓"美"呢?

● 美——充满情趣与平和的生活。

如果将我们的家比作肌肤,为保持肌肤湿润清洁,首先要清除堵塞毛孔的污垢或皮脂,并防止堵塞毛孔的污物产生。若没有做好这一步就化妆,所做的不过是表面功夫,甚至适得其反。这就是"断舍离"的道理。

但有时,皮脂清除过度会造成皮肤干燥而失去光泽,所以,"断舍离"也要把握好尺度,物品并非越少越好。

"乱七八糟的屋子"令人心生困扰,"徒有四壁的房间"也着实无趣。"适合我的东西是什么?"在彻底问清自己后,我们要将过剩的物品果断丢弃,然后迎来的便是"余裕"。

空间的宽裕、时间的充裕,还有人际关系的从容就是"余裕",这种余裕就是为生活带来情趣的"美"。正是因为舍弃了多余的物品,我才能常年保持身心的愉悦。

　　本书展示了我居所的各个空间。您既可从自己关心的空间看起，也可按由厨房到衣帽间的顺序浏览。请慢慢阅读。

山野

目　录

第一章　"食"空间

第三章　　"寝"空间

第六章 "学"空间

第七章　"通"空间

第一章

———

"食"
空间

———

厨房，水平面上一把壶

"7・5・1法"营造美好空间

"将厨房视为住所的主角"一直是我的理想。"食"构成了生活的中心，那么提供"食"的厨房，不应藏于后台，而要在最受瞩目处大大方方地公开亮相。

与过去的日本住宅不同，近年来设计的住宅，厨房常被配置在最明亮的地方，与客厅、餐厅连为一体的开放式厨房也不再稀奇。但遗憾的是，大多数厨房依然难成家居主角，这是因为厨房难以管理维护，常常杂乱不堪。滤水筐里塞满厨余垃圾、肮脏的抹布四处乱挂、焦黑的锅铲横七竖八、尚未清洗的餐具堆满水槽……

每每在杂志上看到国外的家居厨房，很多人会望"图"

兴叹："为什么有那么多用具，却看起来非常整洁漂亮？"这是因为所有用具都安排得当。让使用者与用具间产生关系，就是维护保养工作见了成效。

如果你发现厨房难以维护保养，那就只能减少用具数量。

"扔掉不用的东西！"

事实上，从我提倡"断舍离"以来，就一直呼吁这一点。

我曾在英式厨房里见到这样的布置：水平台面上仅有一把烧水壶。顿时感觉这才是我梦寐以求的厨房的模样！厨房里烧水壶以外的用具全被收拾干净，就算摆放出来，也仅有几件精挑细选后赏心悦目的用具，人在这样的厨房里做什么都轻松畅快。

说到厨房设计，很多人最先提及"动线"（活动路线）。为追求最短"动线"，他们常会以不移动身体便能解决问题的空间设计为目标，但如此做造成的后果是摆在外面的物品泛滥成灾。

因此，我丝毫不在意这"动线"，而是考虑取出物品时的动作次数，因为多做动作就是多费精力。根据取出、收拾物品所费精力，我提出了"one touch 法"（一键式法）原则。这也就是只要一步即可取用物品，也只要一步就能收好物品，使大家能够合理使用厨房空间，节约时间成本。具体方法见下文。

水平台面清洁齐整

这就是前面提到的"水平面上一把壶"的厨房。

规划合理又美观的厨房，看不见的收纳要占七成，看得见的收纳占五成，展示在外的收纳占一成，即"7·5·1法"。

凸显物品之美

这把因其优美的形体曲线而吸引我购买的烧水壶，是价值1万日元（约合600元人民币）的选购礼品。我将其单独摆放在空无一物的厨房空间，使日常用具也如艺术品般被凸显出来。

物品触手可及

事先费点精力，以后操作轻松

动作即精力。我的目标是最大限度减少动作的次数，尽量用一个动作就能将物品取出。

在此，我们具体清点一下做某件事所需动作的次数。

比如，从餐具柜里取出一个大盘：

①开门

②取出摞在上面的小盘

③取出大盘

④放回摞在上面的小盘

⑤关门

用完大盘洗净后放回柜子时，也需要 5 个动作。动作次数越多，人越觉得麻烦，最后往往将大盘摞到小盘上关门了事。

所以，为在开门后用一个动作取出大盘，关键是严格控制餐具数量。仅留必要的个数、必要的种类，且将能经常使用的物品置于手边。而且，不同餐具收纳进橱柜时，尽量不要重叠，就算重叠也仅限少量同种类、同用途的盘子。

置于冰箱内的食材和调料也应"一触即得"。以盒装的汤汁料为例：买回来后，先用剪刀剪开盒子上盖，再将盒内连成串的小袋也逐一断开放入冰箱。这样，急用时拉开冰箱门取出小袋，一个动作就能实现，不需要开着冰箱门，又开盒盖又扣上盒盖等动作。

另外，密封没用完的食材或调料袋口时，不要用费事的橡皮筋，可用仅需一个动作就能密封的夹子。夹子不用时，可置于冰箱门搁架上待命。

还有我家的厨房里的纸巾，也被我从袋中取出，预先放在架子上或抽屉里，万一什么时候急用，总能触手可及。

由此可见，要做到触手可及，就要"事先费点精力"。

不要吝惜从袋中取出小袋、撕下盒盖等这类"费精力"的动作，先费了精力，后续操作一下子就顺利起来了。减少动作的次数就等于减少了一次次的紧张感，让生活更从容。

一触即得，不费精力的厨房

要严格控制餐具数量，仅保有称心如意并愿意珍惜的餐具。

只要餐具数量不多，即使不逐一对号入座，餐具柜也会清爽整洁。

一触即得三步

①开门

②取盘

③关门

"展示性收纳"更易取出

上层是九谷烧（釉上彩绘瓷器，发祥于日本九谷得名）的"华泉"。中层左侧是我喜欢用的九谷烧，右侧的木碗是轮岛（日本石川县北部城市，漆器制造业发达）漆器。下层左侧是德国产白瓷，右侧是泰国产青瓷。

泰国青瓷也尽显"和"之情趣
泰国清迈集市上觅得的青瓷,可使日式及
西式的任何一款料理都引人垂涎。

从袋中提前取出

提前取出小份包装的汤汁料或调料，
集中保管于无盖容器内。
开冰箱门后零碎物品的所在位置一目
了然，一触即得。

厕纸逐个收纳

将备用厕纸事先从袋中取出，仅花费
数秒工夫，就能在"紧急需要"时发
挥巨大作用。

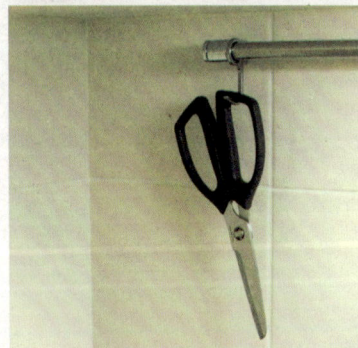

想用剪刀也不难

经常使用的剪刀也请简简单单地挂在
墙边。有意识地进行"展示性收纳"，
施展空间魔法，剪刀也会变身艺术品。

舍弃抹布

高效使用一次性纸巾，时刻保持清洁

厨房里晾挂着几块抹布很不雅观。另外，抹布无论从哪个方面讲都是个极费事又麻烦的存在。因为在擦拭餐具或操作台后，又会衍生出洗晾抹布这一项善后工作，成了善后之后的善后！人们会觉得这类极费精力的事非常麻烦。

为"断舍离"这个麻烦，我的做法是稍稍增加些成本，用厨房用纸代替抹布。一袋纸巾约 300 日元（约合 18 元人民币）。现在网上购物这么发达，你总可以快捷地买到这种纸巾。当然，这是我个人的选择，如果你有更理想的做法，不用照搬我的做法。

　　纸巾的优点是用完就扔。近来，环保人士指责："使用一次性用品是犯罪！"但也有人反问："用完就扔的厕纸可惜吗？"

　　其实，一次性纸巾有诸多好处。

　　我们可以用纸巾擦完盘子再擦操作台或灶台，进行多次利用，最后把它扔进垃圾箱，而抹布就没有这种多用功能。还有，保持抹布清洁相当困难，必须用不够环保的除菌洗涤剂或花费精力通过煮沸来消毒。可即便这样，抹布的清洁度也比不上新纸巾。

　　"断舍离"并不适合仅关注眼前事物、削减成本的朋友，它聚焦的是事物总体进展是否顺利。纸巾的使用，省去了洗晾抹布的精力与时间，消除了无视空间美观而造成的杂乱。

随处放置纸巾

在水槽周边、灶台周边等纸巾使用频率高的地方放置纸巾。可将其与碗、擦丝器、起子等一起收纳于水槽下的抽屉里。

污渍当场擦净

纸巾应在需要时触手可及,因此要在水槽下、灶台旁、橱柜上等多处放置。

"收拾"干净再扔的垃圾

将垃圾箱收纳于水槽下

我一直想做个会"收拾"的人，不仅能把一切事物打理得当，还会收拾垃圾。我会产生这种想法，是因为母亲就是个在很多方面都不擅长"收拾"的人，她的笨手笨脚常会让她自己感到无地自容。

所谓垃圾"收拾"干净再扔，就是要做到舍弃时也有美感。

将做饭产生的厨余垃圾集中收进小塑料袋，并马上扎紧袋口投进大袋子中。当场将袋子密封好，就不会产生异味。住在公寓的我每天都要扔垃圾。

垃圾箱置于水槽下的抽屉内

将垃圾箱置于产生厨余垃圾最多的水槽下的抽屉内。最适合做垃圾箱的是花店的正方形纸袋，稳定性好，大小合适。纸袋一旦脏了，它的使命也就结束了。

别吝惜袋子

厨余垃圾产生后马上将它装进小塑料袋，即便袋内还有空间也要马上封口并扔进垃圾箱。这样厨余垃圾暴露的时间短，不会散发异味。

　　水槽是最易产生垃圾的地方，垃圾箱置于水槽下，会使整个操作流程极为自然。拉开抽屉即可扔掉垃圾，闭合抽屉，垃圾、垃圾箱都不会暴露在外。

　　说到暴露在外，我们在公厕就常会遇到这样的尴尬：伸展开的卫生巾暴露在外的情景，谁都不想看到吧！这就是由收拾不当引起的。

　　就算没这么严重，厕所垃圾箱里纸巾外溢的情况也屡见不鲜。将事物收拾得体并非要给谁看，而是培养我们自律的品格。想成为"会收拾的女人"的我，一定会将软软的纸巾使劲捏成团后再扔进垃圾箱。

剪开海绵，用途更广

清洁第一，美观第二

现在很多厨房用的海绵，颜色非常杂乱，深粉红色、深黄色、深绿色等。它们的颜色不但不美观，简直可以叫"噪色"！

我一直在寻找养眼的自然色海绵，却始终未果。无奈，现在只得使用白色密胺海绵，它的优势是不用洗涤剂也能洗净东西。

用之前，先将海绵剪切成方便使用的大小，便于手握的尺寸最合适。剪开的海绵小巧灵活、使用方便，家中各个角落都因使用它而变得一尘不染。

要注意，海绵的使用周期最长为三天。洗过餐具稍显破旧的海绵可再用于擦拭水槽或灶台，最后用于擦卫生间马桶，这比用纸巾的清洁还要光亮如新。这样用过的海绵直接扔进垃圾箱即可。

我发现，持续使用一块海绵的人多到令人不安。海绵是细菌的滋生地，即使有人拼命除菌，也不可避免产生污染。所以要我说，与其除菌，不如扔掉！海绵以一次性使用为前提，干净的海绵可用来洗刷餐具。

提供食物的厨房，要保证清洁第一。由于餐具直接触碰口唇，因此对清洗餐具的海绵可马虎不得。

还是那个道理，剪切开海绵，可能会有点费事，但其后的操作就会轻松无比。因为人对操作过程中的停滞容易感到紧张，因此先费事比后费事更能使人感到轻松、愉悦。

将海绵预先切分成多块

将板状出售的密胺海绵剪切成方便手握的尺寸。因为海绵的使用周期为三天，可多切分一些置于透明容器内备用。

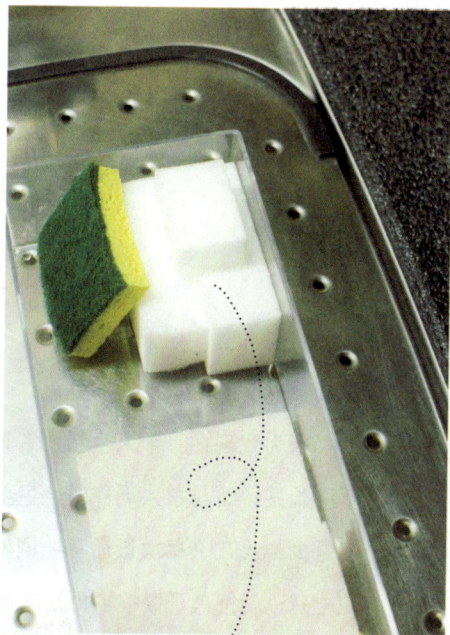

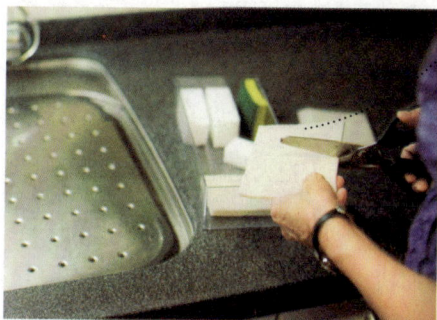

不设控水架

餐具数量太多，清洗起来麻烦

因为我现在一个人生活，餐具数量少，所以饭后都是手洗碗筷。而与家人同住时，主要用洗碗机，不管餐具是多是少，我几乎每次饭后都要刷碗。而有很多人因不舍得花电费，就把盘子攒够了再开洗碗机。

那么，这种节约到底成功与否呢？

首先，脏盘子不刷，会让人一直记挂在心，精神自然就放松不下来，用不了多久，便会形成一种精神压力。大家都有过因精神压力太大而大把大把花钱的经历吧。对，那就是给努力奉行节约的你的"奖励"。若这还不算什么，那么压力排解不掉而使"奖励"变为医疗费可就麻烦了。

总之，原本要节约，最后一算，支出反而更多的情况不胜枚举，我将这称为"小算计，花大钱"。

再说洗完餐具用的控水架。我从不用控水架。可能有人以为独居生活的人才不用，其实，我与家人同住时也不设控水架，因为本来就很扎眼的控水架上再摆满堆成山的碗盘，肯定是不太美观的。大多数情况下，很多人会随口说道"有控水架呢，先搁那儿吧"或"从控水架上拿盘子盛饭吧"，于是，控水架成了无意识行为的"证据"。

那么，没了控水架如何晾干盘子上的水呢？我通常将厨房纸叠在一起，在水槽旁展开，然后将洗过的盘子倒扣其上。水控干到一定程度后，再用新纸拭净盘子放回橱柜里。

厨房纸与控水架的区别在于是否形成了"临时放置"的场景，而这场景一旦产生，就会衍生出更多的不必要的"摆设"。

厨房里的"余裕"

仅仅撤掉了格外有"存在感"的控水架，
水槽周边就清爽了许多。因盘子不再
出现在操作台上，也可避免其他炊具
用完不收起来的情况出现。

凭视觉效果选锅

抽屉内的陈列也要美观

凭视觉效果挑选厨房用具是不会失败的。"用之美"这个词您可知道？其意思是用起来方便的东西因为被使用而变得更美。

锅是"用之美"的代表。按"美得连餐桌都能上"的标准选择锅具，我首选酷彩（LE CREUSET，法国知名厨具品牌）。

五十多岁才开始独居生活的我，在奔向百货商场锅具专柜时喜不自禁的心情，绝不亚于新婚宴尔。在向往已久的酷彩锅前，在为选红还是选白大动一番脑筋之后，红色酷彩便成为我生活的一部分！

　　我对于锅具的情有独钟，还要从二十几岁结婚后与公婆同住说起。当时"横行"灶间的是婆婆的毫无情趣可言的铝锅。"总有一天我要换只漂亮的！"年轻时的我便许下了这一梦想。

　　大约 10 年后，梦想终于实现。这漂亮的锅像有意与分量极轻的铝锅唱对台戏似的，重量感十足。新锅让我劲头十足，对烹饪的热情特别高涨。

　　一口酷彩锅 3 万日元（约合 1800 元人民币）左右，我将 5 种型号逐一备齐。最早备下的一口为标准尺寸，其次是为客人准备的稍大的椭圆形锅，再次是一口尺寸稍小的焖米饭用锅。

锅下的"坐垫"

每口锅下面，各铺有在 NITORI（似鸟，日本最大的家居连锁店）买的红色硅酮制锅垫。这种锅垫摩擦力很大，在拧开旋紧的锅盖时很方便。

收纳也成美景

5口酷彩锅（另加其他品牌一口）收纳于灶台下的两层抽屉中。美的炊具也给烹饪过程一个美的心情。

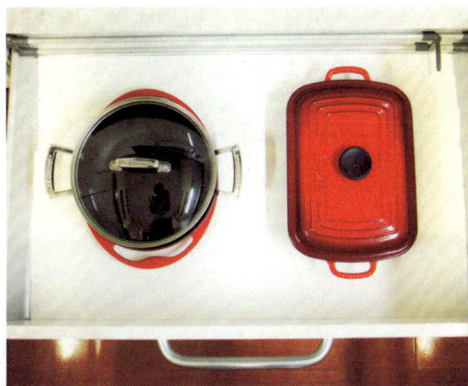

　　另外还有一口平底锅。因这锅较深，极适合煮意大利面或荞麦面。即使它可能本来不是这样用的，因为只是自己用，也就随心所欲了。但这口平底锅只比烧水壶稍大，不怎么出镜。

小小砧板拿起来全不费力

砧板、锅垫与隔热手套并排悬挂，简约清洁

将切奶酪用的小砧板、锅垫与隔热手套并排挂在操作台上方的墙面上，方便单手轻松取下。切菜切肉也可以用这种小砧板。砧板用后经过清洗控水，只需再挂回原处，不需要靠在其他地方晾干，真是轻松极啦！如此做全不费力，可保持清洁。

我一直认为没有比将厨房里的砧板暴露于人前更糟糕的了。为了消除其存在感而购置的塑料薄砧板缺乏稳定性，切菜切肉很不好用；与之相反的优质砧板又大都体形厚重，不便来回搬动。那什么样的砧板好呢？

正纠结时，我与这小砧板偶遇，三层结构不但敦实

稳当，还有极佳的视觉效果。这样的砧板绝对可以成为展示于人的厨房艺术品！我并不喜欢将所有厨房用具都挂上墙，但一定要装饰性地挂上点什么，才不显单调，不失生活气息。

这"悬挂"就是"展示性收纳"。

　　重申一遍："断舍离"将 7 ∶ 5 ∶ 1 视为收纳的理想比例，即看不见的收纳占七成，看得见的收纳占五成，展示在外的收纳占一成。

　　再说砧板的搭档——菜刀。我现有几年前购买的菜刀、水果刀各一把，平时用小一圈的水果刀多一些。独居的人平时用小砧板、小水果刀就足够了。

　　来客较多时，大砧板便会派上用场，菜刀也将大显身手。

　　其实，在不知不觉中我们就已选定了与生活规模相匹配的厨房用具。

展示性收纳品挂于开阔空间

无论多精美的珍品在拥挤杂乱的空间里也会失去存在感与品质。于开阔处简洁一挂，让讨人喜爱的小砧板更加出彩。

一器多用，还是和式餐具

和式餐具用处多，既可煮面又可做菜

一器多用就是一件器物具有多方面用途，其灵活多样性就是"和"（指日本，和式也即日式）之魅力，这与榻榻米房间既能用作客厅又能当成卧室的道理相同。西式餐具只能用来做菜并且不能盛放太多菜品，而和式餐具既能做菜又能煮意大利面，我个人是极喜欢和式餐具这宽广的"胸怀"的。

十几年前，我就开始学习茶道，感受了"动动心思"的乐趣。一只茶碗，既能盛牛奶咖啡，也能用来盛米饭、大酱汤、荞麦面等，用法多多，器物使用的自由度一下子拓展开来。

要说我最喜爱的餐具，非石川县当地的九谷烧莫属。虽然色彩缤纷的彩绘魅力无穷，但我的手总是不由得伸向其中蓝白图案的器具。从大小平盘到茶碗、小钵，它们的用途千变万化，不一而足。

我的餐具柜有一层是专门展示九谷烧的区域，我将其称为"展示而非收纳"的区域。在这里，餐具间空出足够的间隔，尽可能避免它们摞放。这样，这个空间不仅展示了视觉上的美感，其"方便取出、方便收纳"的功能性更是优越。

在石川县美浓郡寺井町，九谷烧彩绘的批发店鳞次栉比，这附近每年都举办茶碗节。在这里，平日打着灯笼都难找的宝贝有很多，有些很值钱的器物甚至半价就能买到。这里绝对是发烧友的天堂。

前些日子，我时隔半年后再访茶碗节。不怎么懂行的我购物热情高涨，到了"忘我"的境地。我最后淘到手的是一件绘有龙与狮子的器物，最近有命理师告诉我"你的前世是龙，你命里的贵人是狮子"，不承想竟在茶碗节上得到了回应。

九谷烧的"华泉"

它们是最近刚来我家的新面孔，一位女性艺术家的作品，清爽的配色中有龙舞在天的图案，异常灵动。

花卉图案的茶杯

它们是我在中国台湾购买的茶壶与茶杯。简约素雅的白茶杯，仔细看则可欣赏到其间绘入了漂亮的立体花卉图案。

今天用哪种碗盘用餐

厨房上面的架子摆放着杯具。用九谷烧的杯子喝啤酒，用中国茶杯喝茶……不时"动动心思"，别有一番风味。

赫伦茶杯给日常生活带来欢愉

心中憧憬的匈牙利品牌——赫伦茶杯，正因为高档才被用于日常生活中，来营造"最幸福的时刻"。

平日就用高级茶杯

不备宾客专用餐具

向往已久的赫伦茶杯是匈牙利高端品牌，最上等品类的价格高达 5 万日元（约合 3000 元人民币）一件。我一直希望拥有一套，因为太昂贵，一直可望而不可即。

有一年春天，我因身体欠佳而闭门不出。"该给虚弱的身体注入活力！"借助这股心劲，我网购了一款"赫伦"。由此，2 万日元（约合 1200 元人民币）一件的"赫伦"终于进驻我家，我终于拥有了 6 件不同颜色的茶杯。

这次购物虽然冲动，但它们常常令我沉浸在幸福的氛围中。茶杯虽然贵，我却丝毫没有只在特别的时刻才欢天喜地捧出来欣赏的意思，正因为是上等货色，才要每天使用。

　　用好东西，会提升自我认知及自信，相信"自己值得用好东西"！相反，认为东西太好还是不用为妙的人，则给自己贴上了"不配用好东西"的标签。

　　在策划"断舍离公开日"活动时，我登门拜访过一位作家。在她家厨房里最先映入眼帘的，竟是 20 多年前美仕唐纳滋（MISTER DONUT，甜甜圈连锁品牌）赠送的马克杯。本想从这里开始我的"断舍离"，她本人却说"还在用着呢"，怎么也舍不得丢掉。于是我问："您现在什么岁数？"她回答："四十七。"我又问："您想成为一个怎样的女性？"她答："优雅成熟。"再问："那，这马克杯与优雅成熟的女性形象相衬吗？"她便无言以对了。很多人，要受尽质疑才能重新认知自己。

　　把宾客专用的高级盘子、杯子从橱柜上取下来，毫不吝惜地使用吧！有客人时，只须将平日里用的高级餐具拿给宾客使用即可。

葡萄酒杯之美

这是韦奇伍德（WEDGWOOD，英国皇家瓷器品牌）的葡萄酒杯。酒杯易碎，应选择厚度适中的品类。一只 3000 日元（约合 180 元人民币）左右的酒杯，杯中酒自然不会将就。

"断舍离"电饭煲、微波炉

重新认识家电，让厨房变宽敞

我们不曾怀疑电饭煲、微波炉存在于厨房的合理性，以为有了就会用。其实，没有这些厨房家电也不会特别为难。

我在 11 年前"断舍离"了微波炉。这是因为我本来就不常用微波炉，要是再不做烧烤类食物，它就成了摆设。另外，我会把切碎冷冻保存的作料蔬菜直接入锅，所以微波炉的解冻功能也不必要了。这使我最终意识到："我不需要微波炉。"

平日生活里只要有平底炒锅和普通锅，大部分饭菜都能做。再有口压力锅的话，心里会更有底气。

　　继微波炉之后，电饭煲也于8年前被我"断舍离"了。米饭用我最爱的酷彩锅焖，无须睡前设置，用锅焖米饭，操作简单，饭又好吃。

　　更进一步，电水壶也可"断舍离"，平时我只用烧水壶烧水。榨汁机、手提式打蛋器这类小家电也统统不要。当然这些都基于我是独居生活，当家里人数变多时，必要的家电还是能帮自己省不少事的。

　　下面说一下冰箱，我们确实不能连冰箱都"断舍离"，但可以考虑"断舍离"冰箱的尺寸。

　　"本想换个大冰箱。不过冰箱里的东西都'断舍离'了，小一号的冰箱就够用了。"现在，这样的人士也不在少数。

　　减少厨房家电的数量，一是因为它们都需要保养，二是会形成卫生死角。"厨房里看不见的水平面＝清扫困难"这一公式须牢记。这样"断舍离"，单单省去几样家电，厨房就开阔了许多。还能装饰上自己喜欢的器物与鲜花。

如此"空空荡荡"

这是"断舍离"了微波炉、电饭煲等家
电的厨房，没了卫生死角，边边角角都
能清扫到。

空保鲜盒，冰箱内存放

容器统一尺寸，只需 9 个

有个时期，特百惠（TUPPERWARE，美国塑料食品容器品牌）保鲜盒大流行。"我家里也有！"很多人都会在家里储备。去学员家里一看，竟翻出来几十个。还有的人家，冰箱里保鲜盒内的黄瓜都化成了黏黏糊糊的汤。

所以我在"断舍离研讨会"上问大家："保鲜盒里有什么？"大家回答："保鲜盒里有保鲜盒。"又问："那保鲜盒里的保鲜盒里有什么？"回答又是："有保鲜盒。"这样，保鲜盒简直成了套娃玩具。

保鲜盒是盛食品的，可实际上盛的怎么是保鲜盒呢？收纳大量用不上的保鲜盒还需要橱柜，怎么看都觉得荒唐。

　　出于这种考虑，我将空的保鲜盒放在冰箱内，这样可用冰箱内的空间进行总量限制。所谓总量限制，就是对数量有所把控。我们要用保鲜盒时，就从冰箱里取出，用后洗净再放回冰箱，数量控制在 9 个为佳。建议大家将盒子与盒子、盖子与盖子重叠摞放，紧凑地存放在一处。

　　我还喜欢用带自封口拉链的密封容器或密封袋保存食物，它们的好处是透明、一览无余。因为如果我们看不到里面的物品，往往会忘记其存在，食物就会躲在冰箱角落里"长眠不醒"。

　　另外，米也可以用自封口透明袋放入冰箱内保存。我现在每次买 2 公斤米，将米袋整个放入冰箱的蔬菜室，用过一些后，再移换至自封口透明袋内。

　　随米量的减少，袋子也要换成小的，使外包装大小始终与内容物分量保持相当。

米也放入冰箱内保存

米也装入自封口透明袋内保存。结合米的剩余量，由大袋换成小袋，这样冰箱内始终保持清爽整洁。

无添加剂的
天然酱油

古法纯酿深色酱
油（日本产的有机
酱油）

十六夜之
月啤酒

无添加剂
的酱汁

夹子在冰箱里随时待命

封袋口用的夹子预先夹在冰箱门的搁架上。
较厚的袋子也能使用强力专用夹夹紧保存。

食材在冰箱内集中收纳

米、干货、调料……所有食材基本上都在冰
箱里集中收纳。它们不受温度、湿度变化的
影响，对经常不在家的我极为适合。

米和大酱都置于蔬菜室内

拉开蔬菜室抽屉，里面有什
么东西都一目了然。食材以
"不重叠收纳"为原则。还
没吃的蔬菜直接放入，吃了
一部分的则用透明容器保管。

按展示的感觉摆放

将调料瓶或塑料瓶摆
放到冰箱门的搁架上
时，要有展示意识。
瓶与瓶之间稍稍留有
间隔，每个瓶子就会
拥有自己的"居所"。

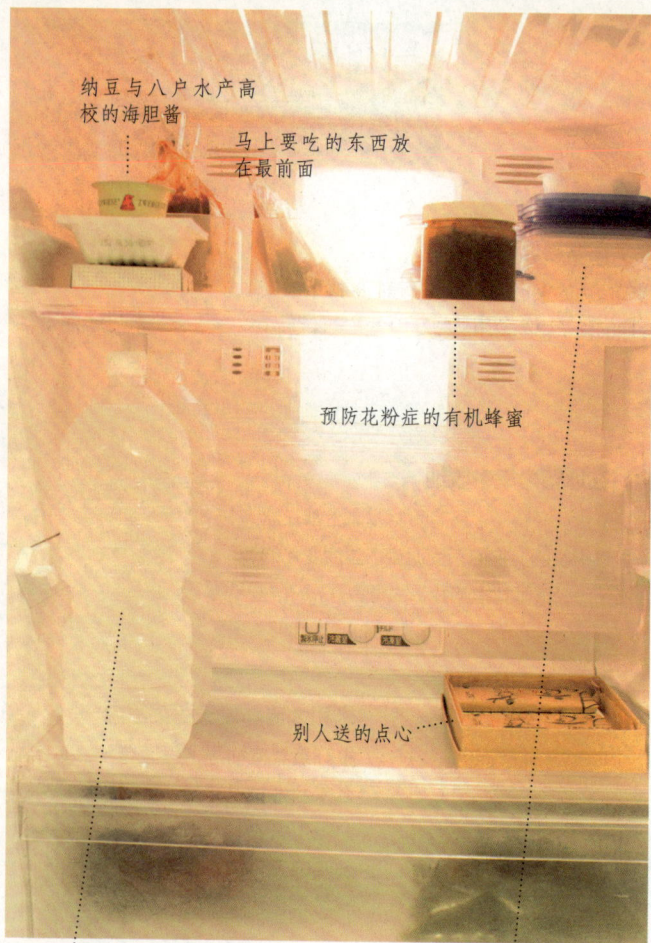

纳豆与八户水产高校的海胆酱

马上要吃的东西放在最前面

预防花粉症的有机蜂蜜

别人送的点心

撕下塑料瓶上的标签

我最爱喝"德劳特沃（GEROLSTEINER，德国出口量最大的矿泉水品牌）活性苏打水"。撕下塑料瓶上的标签，标签属于商家销售产品用的包装物，在集中存放物品的冰箱里只会显得杂乱。

空保鲜盒存放在这里

用不着的保鲜盒收纳于冰箱内，盒子与盒子、盖子与盖子套合起来集中在一处保管。现有 8 个容器待命中。

食材按需购买

剩下的菜，切碎放进冰箱

　　我平日吃饭以蔬菜为主，多用冰箱里现成的菜即兴发挥。我只需菜品简单、可饱腹即可满足，但最大的问题是会剩下菜。虽然我一直努力按一次能吃光的量购买蔬菜，努力用光冰箱里的食材，可还是出了问题……

　　在预感酷暑即将来临的初夏，我花 100 日元（约合 6元人民币）买回 3 根黄瓜。可惜气温没预想的那么高，接连几天都没机会吃，黄瓜便在冰箱角落里静静地烂掉了。慌惜、懊恼、歉疚……绝非区区 100 日元就能消除的负罪感向我袭来。

　　因这类错误造成的 100 日元的无谓支出不知有多少，

这难以解释的心情归根结底是因为蔬菜是有机物而非无机物，会令人强烈地感受到生命的力量。

因此，我将平日剩余的蔬菜全部切碎冷冻保存。冷冻室内摆满了葱、胡葱、阳荷、秋葵等做料理的配料，色彩纷呈、琳琅满目。因葱类等水分较多的作料冷冻后容易相互粘连在一起，差不多过一个小时，我们要"唰唰"地晃动晃动容器，使作料能干干爽爽地保存，方便烹制。

蔬菜切碎放进冰箱

剩余的蔬菜切成小块或碎片放入冷冻室。上排为辣椒、葱，下排为阳荷、秋葵，都极适合做菜品的主角、配角与装饰材料。

　　另外，不适合冷冻保存的食材就分赠给他人。每每有东西吃不完，我心里就琢磨是不是该按最佳赏味期、保质期的先后顺序与大家分享。

　　不在冰箱里塞满吃的心里就不踏实的人似乎也不在少数，尤其是我的父母辈，经历过战时战后粮食紧缺的那代人，可能没办法改变了。但越是这样我越想说，冰箱里塞成那样，会对已有的东西视而不见，造成重复购买，最终因吃不完而使食物营养流失，甚至腐烂变质。

　　所以，食材用光后，冰箱空空荡荡的爽快劲一定要请你一起感受感受！

用餐具垫做编导

在海外突发奇想买下的餐具垫纸

美食，编导才是王道！这是我的格言。如何盛盘、怎样上桌，这都需要编导。

美食，也是场视觉盛宴。就算再高级的蟹肉，盛在纸盘上吃，也会感觉味道差了很多。

与盛放料理的餐具协同编导美食盛宴的还有餐具垫。餐具并不直接摆放上桌，加入餐具垫这样一个缓冲，料理的档次会立马提升。我家有纸质餐具垫和金属色调的防水餐具垫两种。

纸质餐具垫购于美国西雅图的家居中心，是可一张张揭下来使用的图画纸式样，在日本不太能见到这种款式。

不过，街上复合品牌时尚店里常会进货，找机会我就会去买。这种餐具垫 40 张装的大约 2000 日元（约合 120 元人民币）。

NITORI 出产的金属色调餐具垫，一张 300 日元，式样设计及使用感觉都无可挑剔。换作青山一带的室内装饰店，类似的餐具垫一张要卖 3000 日元。在 NITORI 买小物件或织物就是划算。

我以前也用过餐具布垫，但总是担心布料会被弄脏，污渍不好洗。而亚洲风情的布料水洗会褪色，反复使用还有异味，不适合家庭餐桌使用。

相反，金属色调的餐具垫上撒落点饭渣也能轻松擦去，洗刷也方便。简约素淡的餐具垫俨然一幅画布，可将任何一件餐具或菜品的特色凸显得淋漓尽致。

尽享餐具垫

在美国西雅图买的餐具垫纸，是宽宽绰绰的美式尺寸。逼真的图案与简单的西式餐具搭配再好不过。

一盘一饭，妙趣横生

一个人用餐，更要完美编导

编导美食盛宴，不仅仅限于招待宾客之际。越是单身，越要有意识地在日常的饭菜上款待自己。

手冲咖啡

"断舍离"咖啡机，慢慢享用手冲咖啡。以能登半岛的二三味咖啡为代表，我常买来各地咖啡豆细细品味。

一个人过日子，一日三餐往往容易马虎敷衍，有时就着买来的食物的包装盒狼吞虎咽，有时因时间匆忙胡乱吃两口了事。这简直像用饲料喂食动物一般，不能算作吃饭，长此以往，这样只会使精神更加空虚，所以我要用称心的餐具盛饭，要支上筷架，要摆好酒杯……单身更要用心编导，吃好每一顿饭。

　　这时，替代餐具垫大显身手的是托盘。我会在厨房里将一人份的饭菜摆放到托盘上，连盘带碗直接端上餐桌。完完整整的一顿饭一旦摆在面前，自然会使人挺直脊背，萌生一口一口仔细品味的冲动。吃完后整盘端回厨房，连收拾都轻松了不少。

　　一位在孩子独立后开始独居生活的学员这样告诉我："以前从没真正做过自己爱吃的东西。迎合着丈夫的好恶、孩子的口味做了几十年饭，现在终于可以为自己做点什么了，感觉真心欢喜。"独居生活中用心地、开心地做饭，时不时请朋友们来看看，就是这么自在！喝酒时也同样。也有人说"一个人喝酒太冷清"，所以，使我们感觉冷清孤单的酒绝对不要喝。

　　比如，我爱喝啤酒，且觉得喝瓶装啤酒比易拉罐装的啤酒更有感觉。

　　另外，喝红酒时，先把酒注入玻璃醒酒器再倒进酒杯，醒酒器在家庭聚会上甚至会成为一道风景。顺便提一句，我是日本酒的吟酿派，说起大吟酿（最高等级的日本清酒），它跟葡萄酒一样果香怡人、味美适口。

配料妙用

宴客料理也能短时间做成

前文说过，编导才是美食的王道，而配料妙用是我的终极编导法。饭菜以配料取巧、以配料装饰，请尊我为配料女王！

将芝麻、紫菜、小杂鱼等干货类的配料装入小瓶放进冰箱保存。之后做菜时，只需略略打量这些小瓶就能拿定主意该做哪道菜了。另外，将阳荷、生姜、绿紫苏等作料也存入冰箱，或将剩余的蔬菜切碎置于冷冻室保管。这些作料有日本香草之称，不仅有解毒、除异味功能，还可促进消化吸收。

在此介绍一下昨天烹制的配料料理。虽说美其名曰"西红柿风味炖豆腐",其实用的就是碰巧冰箱里剩下的材料,以家庭聚会时没用完的油炸豆腐块为主角。

1. 将煎炸过的豆腐块与切成装饰形状的西红柿用加入汤汁的酱油清清淡淡地炖15分钟左右。

2. 将三块煮透的豆腐盛放盘上,在旁边摆上西红柿。

3. 将切碎的胡葱与阳荷满满地码放在豆腐上。

西红柿煮过会出汁液,味道鲜美。秋葵或干鲣鱼做配料也不错。把这些料理盛放到荞麦面上做成荞麦色拉风味,吃起来有滋有味,其本身就成了浇头。

有客人来时,将做好的料理盛在大盘里端出,与一个小菜一个小盘的怀石料理(源于茶道,日本常见的高档菜色)风格截然不同。将大盘咣当、咣当、咣当地端上桌:"请随意!"要的就是这股劲!"您的胃口您有数,挑您爱吃的吃!"桌上料理的摆放也包含了这样的心情。

在这类宴客餐上,德国产的长方形大白盘或在冲绳壶屋陶瓷街买的陶制大盘就会大放异彩。

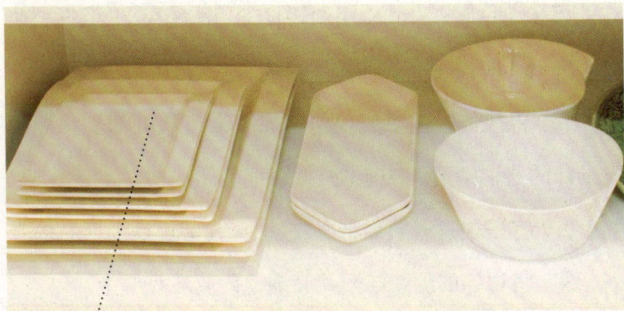

聚会上大放异彩的白盘

德国陶瓷工厂唯宝（Villeroy & Boch）生产的三种尺寸的盘子。鉴于它们只在聚会上用得到，可将其重叠后收纳于柜中。

厨房一角装饰上
最喜爱的器物

因妙不可言的缘分收获的冲绳陶器

那霸市内,有一条距游客熙熙攘攘的国际大道不远的壶屋陶瓷街。在这里,经营号称有 300 年传统的瓷壶陶器的店铺连成一片。街面一角,我被店头威严摄人的西撒墨笔画吸引,迈进一家店铺,意外与女店主意气相投,由此得到一件意想不到的器物。

那件一见倾心的陶器不是卖品,而是店主自用的。我指着那东西表达了喜爱之情后,店主很爽快地答应下来,并说:"器物能去珍爱自己的人身边是种幸福。"

其实,这东西是 40 年前一位艺术家寄存在此委托店主管理的。大概因为它有点瑕疵难登大雅之堂,就一直被放在店内角落，不知不觉地就成了店主的私人物品。

拭去灰尘，呈现在我面前的，竟是被誉为"壶屋三人众"的已故著名陶工小桥川永昌"仁王"之作！本就是非卖品，可若硬要买的话，单凭这个名字肯定就会令其身价剧增几位数，可这位气质优雅的女店主竟以难以置信的低价痛快地出了手。尽管我极力倡导"厨房水平面上一把壶"，但这器物一定要与烧水壶装饰在一起，细细观赏才行。

平常我将它放置在厨房一角，盛放点心或时令瓜果。宴请宾客时，则大大方方地端上餐桌。

日餐、西餐、中餐，无论哪种料理都与其相映生辉，绝对是个值得信赖的"好帮手"。

缺陷的魅力

稍微有点缺陷的器物往往更吸引人的眼球，九谷烧是这样，壶屋烧也是这样。这温馨的感觉正合我意。

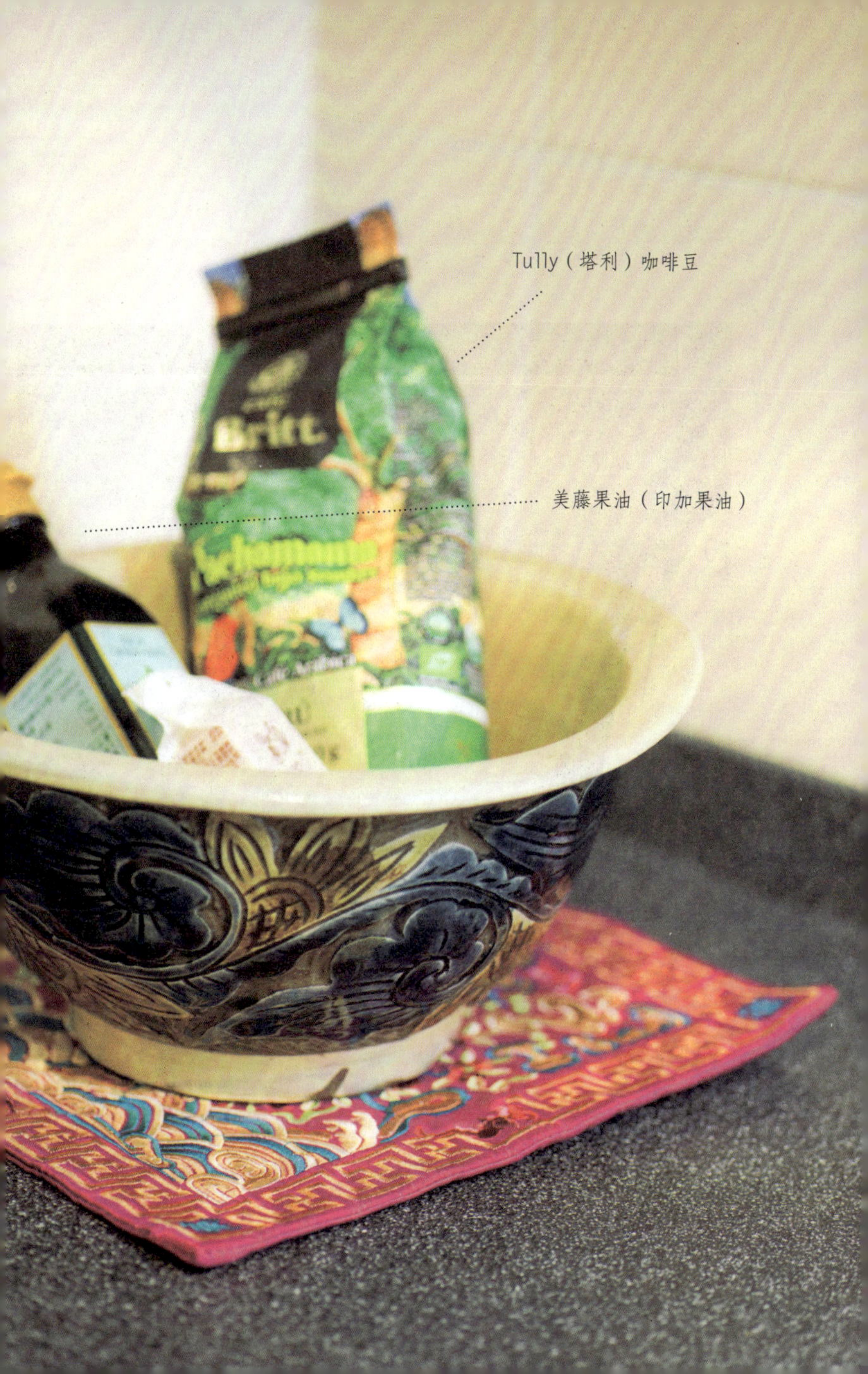
Tully（塔利）咖啡豆
美藤果油（印加果油）

第二章

——

"衣"
空间

让衣帽间"新陈代谢"起来

用衣架数控制衣物总量

　　衣物与食物相同，"应季"的东西最好吃，而且富含营养与能量。衣物就像生鱼片，新鲜才好，因此衣帽间必须是保持衣物不停循环的空间。

　　我家卧室里有个步入式衣帽间，内设"コ"字形（类似日语片假名"コ"的形状）衣架吊梁。面向衣帽间左手侧是"交感神经用"服装、右手侧是"副交感神经用"服装。

　　所谓"交感神经用"服装，是指能充分展现个人形象的服装，同时也是刺激交感神经、提升精神状态的着装。这边服装主要是职业装。而"副交感神经用"服装，原则上是使自己心情平和、轻松愉快的衣物。便装、家居装、寝装在这一侧。

　　衣帽间正面中间吊梁基本上是空位。这里用来挂前一天准备好的衣服，卸下衣物后的空衣架一定要挂到中间这个位置来。另外，中间吊梁上的空衣架还有对衣物总量限制的功能。我所定的标准是，一个衣架空了，即意味着"可以再买一件"。衣架数透露出衣帽间的余裕程度。

　　同时，衣架也要备最漂亮的。说起以前洗衣店的铁丝衣架，真让人难以忍受，好在最近结实的黑色衣架已成主流。店铺不同，衣架形状也稍有差别，觉得不适合自己的衣物或衣橱空间可集中退还。

　　对于衣帽间里的服装数量，我建议交感神经用服装六套，副交感神经用服装六套加寝装一套，由此制订相应的穿着周期即可。大多数衣物的穿着周期都是 1～2 个月，当然其中也不乏穿了几年的连衣裙，衣帽间保持随时能更新的状态。

　　不想再穿的衣服，要果断放手。 一旦确定赠送他人，要毫不犹豫地行动起来，这样才能有空间添置新衣。

　　也许有人会问："那么多衣物不断淘汰不心疼？"不

心疼，我们心疼的是与衣物纠结的时间，管理、收纳它们的空间，还有耗费的精力，但对衣物绝不心疼。说到底，衣服的新鲜度才最重要。

T 恤衫也用衣架收纳

衣帽间右边吊梁是便装及寝装区域。正因为这里挂的是洗涤次数多的衣物，才将其挂上衣架用浴室干燥机烘干后直接移进衣帽间。这是不费精力的管理法。

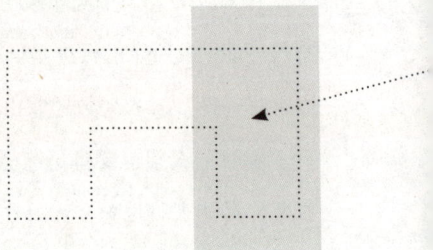

收纳筐②
袜子、紧身裤收纳筐

这是收纳袜子、紧身裤、长筒袜用的收纳筐。因为没盖子，什么东西有多少，一目了然。

收纳筐①
内衣收纳筐就在我面前

衣帽间由右至左，依次是内衣收纳筐，袜子、紧身裤收纳筐，包袱布收纳筐。

将衣帽间内的衣物全部挂在衣架上收纳，衣物洗后用衣架晾干，这样几乎没有取下衣架、折叠、收纳等动作。

穿的机会较少的运动装（泳装类）、瑜伽服、训练服等

夏季裤装类

职业装上下配套清楚明了

衣帽间左边吊梁挂职业装（上下配套）或夹克、连衣裙等，要穿的衣物用衣架挂起以确保一触即得。

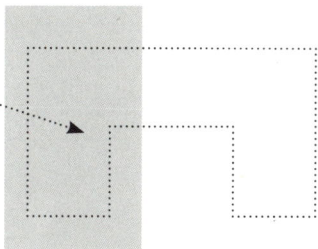

中间的吊梁上是明天要穿的衣服

中央吊梁处平日里完全空闲，只挂第二天要穿的衣物。上层放置非当季用被褥，不使用被褥袋或压缩袋，就放在能看到的地方。

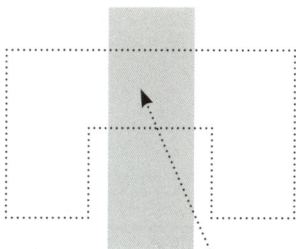

收纳筐③
盛包袱布的收纳筐在最里面

我现在有三块包袱布。都用布边折入布之间的"自立式"叠法收纳。

穿高品质内衣

挥手告别全棉质内衣吧!

　　如果我说我身上穿着 5000 日元(约合 300 元人民币)一条的内裤,大家会很吃惊吧? 以前我的老习惯是穿一包三条的棉质内衣,因为那时认定"内衣全棉,身体健康"。直到有一天被一位先生提醒"请买高级内衣",我才有所转变。

　　这位先生就是身体研究专家三枝龙生先生,其著作《最后剩下的只有身体》中有这样一段论述:

　　"窗帘、内裤策略:更换他人看不到的东西,能获得潜意识上的觉醒,大大增加出现奇迹的可能,理论上不可思议的、不可能发生的事发生的概率将会大大提高。"

　　这种想法的确是"断舍离"式的，我完全赞同。将不被他人所见的地方处理得清清爽爽，潜意识也会清爽起来。我从素日生活中感受到这些，也在不断切身实践。忙不迭地收拾衣帽间和壁橱、兴冲冲地洗刷排水沟的我，为什么不把目光转向内衣呢？

　　"无须健康一边倒，满身情趣才更好！"如梦方醒的我以战斗模式冲向商场，抓到手的既不是棉也不是绸，而是纤维内衣。1件衬裙2条三角内裤1个胸罩，配成一套，买了3套，总金额10万日元（约合6000元人民币）。

　　"这么贵！"我当时惊得双腿发软，却毫不犹豫地买下了！

　　从买下来这些内衣到现在的3年间，我已经可以断言这10万日元绝对物有所值，即使每天都洗也不见丝毫损坏，这一点着实令人惊叹。相反，廉价内衣肯定早就破破烂烂了，购买频率也会大幅提高。当然，请店员帮忙精挑细选，穿着的舒适感也会大不一样。

　　现在我每天穿着别人无法察觉的高级内衣，就像持有天大的秘密，心情好得不得了！

内衣只有这些

持有的内衣总量：三角内裤 6 条、胸罩 3 个、
衬裙 3 件。正因为是不示人的部分，才要选值
得留恋的高品质。

长筒袜用无盖收纳筐保管

还能穿？不，不再穿了

现在，我的衣帽间里有长筒袜 6 双、紧身裤 3 条、袜子 3 双。

"3"这个数字很有讲究：阴阳学认为，偶数为阴，奇数为阳；更有老子《道德经》中讲道："道生一，一生二，二生三，三生万物。"我便采用这些观点，事事都以"3"的倍数为宜。

有时我去学员家里，常常发现抽屉最里面塞满大量长筒袜或紧身裤。穿得很旧已经起球的紧身裤以后不会再穿了吧？这类物品应在"断舍离"的"是否在用"的第一阶段毫不犹豫地舍弃。

那么，只穿了一次的流行彩色紧身裤或多少有点皱皱巴巴却还没破损的长筒袜呢？这些衣物，只是有可能穿，所以舍不得扔，但事实上不会再有兴趣主动穿了。这些东西，即"断舍离"第二阶段，要凭感觉判断的"想不想用"。长筒袜类的衣物在便利店也能轻松购得，因此"扔掉真可惜"这样的失败感不会太强烈，最适合用于"断舍离"训练。

我将这些紧身裤袜类都放在无盖收纳筐里。因为无盖，所以会"方便取出，方便收纳"；有盖的话，将紧身裤塞进去盖上盖，就再也看不见了。一旦看不见，就会忘记其存在，难免又买新的，数量会不断增加。

我还常用无盖收纳筐对衣物进行总量限制，衣物仅持有收纳筐放得下的数量，绝不塞得紧紧的，确保衣物放在其中取用方便。

我坚持扔掉旧的再买新的，这是收纳即保养的理论。东西少了，管理、收纳就不再伤脑筋。

用无盖收纳筐进行总量限制

用这收纳筐来限制数量,因此,"俯瞰"至关重要。
即使空间还有余裕, 也绝不塞满。

旅途中的全能帮手，
包袱布的魅力

大的一块，小的两块

　　包裹物品内敛不露，如笑不露齿般的优雅娴静，这就是日本的传统。日本有个包裹文化，即包东西时，抖出一块包袱布是非常潇洒的。**包袱布与日式餐具同样变幻自在，用途无限。**包裹容量也可灵活自选，而最叫绝的要数其图案之美。折叠齐整揿进提包不会增大体积，包裹好物品挎上手臂又自成风景。

　　我家有三块包袱布。多是旅途上的邂逅，也有在羽田机场等待搭机时购得的宝贝。

　　其中最大的一块，红底上镶嵌着兔子图案，是我一直念叨"想要兔子图案"时，在一家绸缎店偶遇的。它布料厚重结实，尺码相当大，因主要包裹和服时使用，一年里也就出场几次吧。

另两块极适合旅行时用。大的包裹要换洗的外衣，小的包裹内衣或细软。其优点就是避免携带的物品在旅行箱里散乱无度或暴露在外。

说到包袱布的包法，不要抓着对角线的一端与另一端紧紧系起，而要像包装纸那样有棱有角地折好。贴合着旅行箱的尺寸，叠得四四方方的刚好能放进去最合适。包袱在旅行箱里一亮相，有时会立即引起周围"哇"的一片惊呼。

虽说包袱布是经久耐用的好东西，但是我旅行用的两块已开始渐渐变得松松垮垮了，是时候添块新的了。我非常向往很自然地将包袱布用于寻常时刻的生活。

最爱用的三块包袱布

大的 125 平方厘米，小的 88 平方厘米，都算人尺码了。正因为大，才有多种多样的用途。我使用包袱布自成一派，独享其乐！

不持有特殊日子所需衣物

服装租赁店里合体的服饰琳琅满目

红白喜事突如其来，我不持有这类场合所需的着装。

比如说，宴会礼服。说到底，宴会只不过是个瞬间的季节性活动。如果每次宴会都要配置新衣的话，那要花的钱可没数了。虽说这样，若你老是穿着同一件礼服赴会，也就沦落成"千面宴会一套装"的人了。

于是，我通常借宴会礼服穿。尺寸恰好合适的，就毫不客气地与能借能还的朋友互借分享；不太愿意向人借的，从精品出租屋租赁也不失为一个办法。

葬礼着装也同样，平日里我不准备做丧服的衣服。有时我会跟随不断变化的时尚潮流选择黑色套装，平常就穿，紧急关头则充当丧服使用。虽说还有穿和服这一招，但对不期而至的葬礼，穿和服难度太大。另外，丧服租着穿也没问题。

我不常出席葬礼，自家葬礼则另当别论。因为葬礼这场合实在不讨人喜欢，比如没关系没来往的某某的母亲大人的葬礼等。当然我这样并没有不悼念死者的意思，只是我认为越是与死者生前没有深交的人越不该出席葬礼。而我在真正重要人物的葬礼上也不便穿着丧服啰啰唆唆地说个没完。

尽管我像上面那样对红白喜事着装（也包括红白喜事本身）发表了"断舍离"宣言，却对节庆日穿的和服特别喜爱。虽说和服也可以租赁，不过，可能的话还是要拥有一套。

日本人与和服确实般配，和服能让日本女性感受到身为日本女性的喜悦。矮个子的人穿长裙难出效果，穿上和服则呈现出极雅致的日式风情。

和服的好处就是年纪越大穿着越耐看。艳丽的和服配上相对质朴的腰带可使其不太张扬，素净的和服由腰带衬托又能变得异常华美。虽然我在大约 10 年前才开始学习茶道，但常常欢天喜地穿着和服去参加茶会。最早我对和服完全不懂，还试穿了些便宜货，现在则精挑细选，拥有包括夏装在内共五套和服。

职业装一月一套

常葆新鲜，总计六套

职业装要给人件数虽少，却不重样的印象。眼下，我衣帽间里的职业装共有六套，连衣裙与夹克衫或上下套装是主打款式。这些衣物以每年淘汰三套、购入三套为穿着周期。同一套衣物大约使用两个月。前些日子，我有套衣服反复上身，一直穿到不能再穿，才道声"谢谢"毫无牵挂地放手淘汰。

着装是一种能量，也就是说，穿在身上的是一种"气质"。与当前这一瞬间相融合的"气质"一定存在，需要我们不断发现。

而"气质"也五花八门、各种各样，有季节的"季"、表现时代潮流与趋势的"机",或者更富情感色彩的"喜""辉""奇",等等。只有能感受到强烈"气质"的着装对自己来说才是应季装。去年的衣物看起来松松垮垮、皱皱巴巴的,固然有水洗褪色等原因,说到底还是因为丧失了"气质"。

另外,色彩也拥有"气质"。就我个人而言,工作中喜欢穿橙色系或黄色系,即所谓的"维生素色"。色彩心理学也认为维生素色能为人提供太阳般的明亮、开朗。同时,借助色彩的力量提高精神状态也非常显著。

职业装的购买频率是每月一次。我一月剪一次发,顺便去一趟同在青山的服装店。对购物兴趣不定的我,最近却常去一家经营法国进口裙装与套装的店铺。以合理的价格买下一件多彩款式,听着熟识的店员给出的建议,真是开心愉快的购物体验。

我常常被人误认为:"山下女士奉行禁欲主义,对购物不感兴趣吧?"不是的,其实我特别喜欢购物。老实说,在店里买下来,回到家里却发现极不合适的失望经历我也有不少。

　　失望与购物如影随形。

　　我们不必对"不该买却买了"怀有超出必要限度的内疚感，可尽情享受购物乐趣。

越是便装越要讲究

不断向"成为这样的我"冒险

我也有胸口开得很低、有点性感的衣服，还有透视感强烈的白色棉质蕾丝衣服……正因为是便装，才要冒冒险！便装并非穿旧的正装，而是要精挑细选出能使自己彻底平和下来的着装，要挑战一下娇艳、妩媚、凸显女性身材的"熟女"装束。

有这种想法的我，以前可是雷打不动的黑白两色。衣橱里全是西裤款式，在家也满不在乎地穿着运动套装，实在与"熟女"形象相去甚远。

我开始着亮色、穿裙装是在五十岁以后。

这一令人惊诧的转型，大概是在因"断舍离"不断于公众面前抛头露面之后，被某档电视节目称为评论家之时才有的。开始我还照老样子穿出去，结果被周边的时尚氛围完全淹没。"上电视得这么光鲜！"此时此刻我才深切认识到，在人前亮相应选择能让人留下强烈印象的着装。

总的来说，我不太喜欢引人注目。对待成名成家，我的意识上往往偏消极。不过现在，我已完全转变成要好好享受"此刻"的态度。与此同时，我的服装也改变为适合"此刻"的风格，意识到我终究需要一个明快的形象。亮丽的衣物一着身，马上引来周围人的好评，于是我更来了劲，越发艳丽起来。

您知道乔哈里视窗（JOHARI WINDOW）里的话吗？就是"自己知道，他人也知道的自我"，"他人知道，自己却不知道的自我"，"他人不知道，但自己知道的自我"和"自己不知道，他人也不知道的自我"四个视窗。

曾经的我，是"自己知道，他人也知道的自我"。随着生活方式改变，接触的人也丰富多样起来，"自己还没意识到，我竟是这个样子"的时候也日渐增多，"合不合适"只不过是一种单纯的认知罢了。

　　话说回来，虽然刚才提到"（以前）在家也满不在乎地穿着运动套装"，其实我对喜欢穿运动装或旧衣裳的人还是很尊敬的。能够享受旧装才是高水准。敢于挑战旧装，敢于将旧装穿出新境界，也许会成为另一场冒险。

睡觉穿白色棉质罩衫

专属自我、专属熟女的编导

"睡觉时身上只有几滴香奈儿5号（Chanel No.5，著名香水品牌）。"我虽不像玛丽莲·梦露说得这么夸张，但身为成熟女性，睡眠时的确应当雅而不华。这是因为睡梦中意识全无，衣着几乎就等同于自身的肌肤。那么，穿什么才能睡出真实的自我呢？

我睡觉不穿睡衣。准确地说，我不买被当作睡衣出售的衣物。睡衣这叫法实在太孩子气，实际上，设计方面也算不上适合成熟女性吧！另外，睡袍我也不喜欢。说到我的寝装（其实"寝装"这个词也不够雅致），就是舒适雅致的衣物，也可称为"享受睡眠的休闲服"。

　　我睡觉时穿宽宽松松的棉质或丝绸蕾丝面料的白色长罩衫，夏季无袖，冬天长袖。宽松的上衣下面配休闲裤或内裤。上下为一套，共计三套。因每天都要洗，无须数量太多。

　　我喜欢白色棉质蕾丝也是受了已故姐姐的影响。她喜欢白衣衫，总是穿着 100% 棉或绸质的漂亮罩衫。姐姐本来就是个品味高雅、懂得时尚的人，有了收入后，她孩童时期就有的梦想便绽放开来，买下了大量自己喜爱的衣物。因婚后住在德国，比日本便宜的购物环境让她更如鱼得水。姐姐五十二岁离世，留下很多罩衫。我曾把她的罩衫剪切开拼接成挂毯装饰在墙上一段时间，现在又改做成加垫衣架，请苏格兰短裙艺术家川之上佐代子女士缝制。虽说与姐姐算不上亲密无间，但因有这些东西在身边，就像是生出了某种牵绊。穿白色棉质蕾丝，也算在向姐姐表达敬意。

一件称心的罩衫

说句只属于这里的悄悄话。我在睡觉时实践着"无底裤健康法"，将被内裤紧箍着的身体彻底解放出来，全方位地切换至副交感神经模式。

一个冬季两款外套

一件基本款，一件情趣款

整整一冬，就两件长外套伴我而行，它们是简约的基本款和设计时髦的情趣款。

基本款外套原则上是黑色的正统式样。现在手里的麦丝玛拉（MAX MARA，意大利服装品牌）外套，本来极其昂贵，结果被我在网店上以惊人的低价买下。网上购衣不能试穿是个难题，好在这次运气好，非常合体。这次冒险真值！

基本款外套从买下到淘汰的周期是两三年。因最近连续穿黑色，下次我想挑战白色。另外在这基本款外套上配一条彩色围巾会更好。有人手里围巾多得让人生疑"到底

有多少脖子"，而我只有两条围巾，通常选山羊绒等触感
舒适的质地。

**我还有一件时髦情趣款外套，是设计上稍有变化的式
样。**其亮点是穿上后极具趣味性。外套的防寒性固然重要，
但在这之上"+α"（加阿尔法，在原有基准之上，再增
加数量或提高档次）的款式更令人期待。

我还有件羽绒夹克。羽绒往往会跟轻便画上等号，其
实这羽绒外套也相当雅致。一见之下，立刻会被其毛茸茸
的连帽外翻领上点缀着的可爱装饰吸引。将其简简单单往
身上一披，一冬的心情瞬时欢畅起来。

情趣款外套的淘汰周期比基本款稍短，为一两年。我
一般在比快速时尚店高档，但并非高级的店铺选购，最近
常去的是位于全日空大酒店的 ABISTE（日本珠宝、手表、
配饰品牌，在日本全国高级酒店内设有 150 家直营店）。
有人一听是酒店里的店面，以为会贵得离谱，实际上价格
出人意料地公道。加之我又瞄准了促销期，5 万日元的外
套大约半价就能买到。

我的着装一年的变化都不大。无袖上装再披一件外套

搞定，冷了加、热了减。外套的下面不管穿什么，都配长袜子、长靴、围巾来锁定冬日风情。

无论去哪儿，在冷风暖气都很完备的今天，已无须按季节全身换装了。在日本换装习惯渐渐消亡，不由令人生出无限感伤。

第三章

———

"寝"
空间

———

诱发"惬意睡眠"的物品

卧室的第一要素，安全与安心

　　卧室是提供连续睡眠的空间。**因为日本是地震大国，卧室以无落物危险最要紧，床铺周边也应杜绝杂物。**大家绝不想在柜子会倒下、书本会坍塌的地方入睡。墙上即便挂画，也要与床铺之间空出间隔。确保安心睡眠的空间是个必要条件。

　　还有一点至关重要，是要与"浪漫"共眠。睡眠包括入睡、睡着和醒来后的时间。充满异国情调或浪漫色彩的物品会引我进入惬意的睡眠世界。

　　第一件有这浪漫之感的是窗边角落里的麒麟摆设，购于南非，目光温和的两只麒麟在相亲相爱的氛围中相携相依。

另一件是床头一尊非公开的佛像。我爱上这个摆设的起因是迷上了在不丹国立美术馆邂逅的丰胸翘臀的漆黑女神，便问工作人员："这在哪里能买到？"回答是："哪里都没卖的，可以定做呢！"于是我马上请人制作，便成就了这本该漆黑却色彩绚丽、光彩夺目的雕像。

我的卧室墙上还有一幅在秘鲁街头买的风景画。

若问我为何到游客不怎么涉足的不丹与秘鲁腹地旅行，答案是应人所邀，不知怎的就抬腿去了。我也曾想过"不会来第二次了吧"，之后却再度前去。也许正因为不是大众的地方，才更会让人感受到别样的浪漫情怀。

感受浪漫的画作

在秘鲁街头偶然看见的风景画。装饰在卧室里的，是使
心情平和的"副交感神经式"的画，与客厅的"交感神
经式"的画正相反。

带腿家具，清扫方便

即便仔细清扫，还会扫出灰尘

我家的家具都带腿。床也一样，我不用床下带有收纳抽屉的那种式样。其实以前我也买过那种床，可一想到自己睡在存于抽屉内的垃圾上，就不由得透不过气来。带腿的家具，不会阻塞与地板间的空隙，便于"气流"循环。

我现在用的是石川县生活艺术工房的折叠床。它选用敦实的核桃木无垢材质，与床配套的橱柜及书房的桌子、橱柜等都接受定做。

带腿家具的最大优点就是清扫方便。可即便每天清扫，卧室里还会有灰尘堆积。虽然仅散放着极少数的家具和物品，灰尘仍多得令人难以置信。所以可想而知东西多得外溢的住宅里会堆积多少灰尘。

本来不爱打扫卫生的我，忙不迭地开始"扫清、拭净、擦亮"是在致力于"断舍离"之后。物品减少，此前藏于物品阴影下的灰尘便一览无余，比什么都显眼。

现在我家的清扫工作由扫地机器人"伦巴君"担当，它可以自由地四处转动，保持地板的清洁。然后我再将地板拭净擦亮，地面便光亮如镜。每每回味一下这爽快的心情，清扫工作也就变得更有乐趣了。

还有一个让清扫变得欲罢不能的原因，就是清扫或保养行为使清扫保养工具得到有效利用，使这种行为的主体——人，也活跃起来。

每次减掉一件物品，心情就更轻松，麻烦的清扫工作也变得更有趣了。于是，我们当然会比以前更喜欢我们的家了。

具有整体感的工作桌周边

书房里的桌椅、左边的电视柜跟床一样，也
是在生活艺术工房定做的。

并非仅强调功能的橱柜

书房里的橱柜也同样是定做的。样式或用途
虽各有不同，家具的统一感却显而易见。

在秘鲁遗迹博物馆
买的酒器

只剩下一只的耳
环放在这里

首饰独占一个抽屉

橱柜的左上抽屉是我的珠宝匣。可
以放一些吸潮纸来守护抽屉中的
宝贝。

身边零碎物品存放于此

放面巾纸抽屉旁边的抽屉里，放置
挖耳勺、棉棒、指甲刀、小包面巾
纸等物品。

连卧室里的面巾纸都要收进橱柜里

以安全、安心为宗旨的床铺周边，姑且设定空无一物为首选。

小小面巾纸可以放在外面，我们往往会这样想，但是一旦放下第一件物品就会想放第二件。

与床等高的橱柜

将卧室的家具统一为较低的高度。橱柜上面仅放一件诱发睡前惬意心情的摆设。

旅行时携带的装珠宝类饰品的小香袋

面巾纸也收纳在抽屉里

使用频率高的面巾纸也不放在外面，而是置于从床上可伸手拿到的抽屉里。

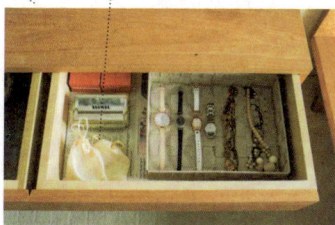

珠宝般的手表

手表是不能马虎对待的物件。1万～2万日元的手表每年我都会买，约一年时间淘汰。夏天白色，冬天深色，哪怕只换换表带也不失为一桩乐事。

与首饰长久相伴

不要珠宝匣，直接存于抽屉内

我没有珠宝匣这类夸张的物件。单独一个橱柜抽屉，是我家首饰的安身之所。

抽屉最适合俯瞰。俯瞰之下，常用物品、根本用不上的东西会一目了然，让人进一步"断舍离"的欲望会更加高涨。于是，首饰数量也自然得到精简。

抽屉中，首饰各自拥有充足的空间"安身"。与其说是保管，莫如说像在展示。一件一件摆放，使用时舒坦又从容。项链的链子纠缠在一起，急用时揪不出来这类事从未发生。托"俯瞰即展示"的福，这样的收纳方便了许多。

为这个抽屉拍摄配图时，里面铺着兼有除湿与展示的泰语报纸。这是去泰国旅行时,飞机上提供的报纸。用日本报纸生活气息太浓,英文报纸也略显老套。泰语或阿拉伯语报纸,看不懂更有意思,使抽屉里由此遍布异国风情。我会经常更换,尤其是现在有更多较为环保的选择。

首饰中我最爱耳环,对其他首饰没什么大兴趣,充其量戴与耳环搭配的项链。像这样的耳环、项链我有三套,最喜欢可与富于朝气的职业装搭配的简单式样。于是,在不知不觉中,佩戴在身的首饰全是相同式样,偶尔也会用珍珠替换一下。我基本上不戴戒指、手链,要给手指手臂完全的自由。

前文写到,着装以一个月为周期不断循环淘汰,而首饰恰恰相反。不到损坏、不到厌倦、不到丢失,我都会一直佩戴下去,数年、数十年长久相伴。

铺上漂亮的餐具垫

最易缠绕在一起的项链亦可这样收纳。
吸潮纸上铺一张餐具垫，更能使每件首
饰都熠熠生辉。

床单三天一洗

被褥更新，三年一次最为理想

被褥里每天都会积存下体垢、汗液、壁虱及灰尘。睡眠时，我们的身体与被褥亲密接触宛如一体，因此每每更换被褥后，都会像淋浴后般神清气爽。

我的床单按三天一次的频率换洗，淘汰更新周期为半年一次。铺的褥子、盖的被子使用跨度较长，三年更换一次比较理想。

我现在铺的床单有两条。一条是白色蕾丝面料，很讨人喜爱；另一条也是白色，相对典雅。对于不同情调的两条床单，我经常轮换使用，当季用完后，道声"谢谢"即刻"分手"。在这样的周期下，床单、被套、枕套我都不

买太贵的，单人床单在 NITORI 家居店大约不到 1000 日元
（约合 60 元人民币）即可买到。

前文提及的身体研究专家三枝龙生先生指出："搬家、
改行、离婚等属'易地疗法'，即转换环境，是治疗疾病
的秘诀。"更换被褥亦可代替搬家成为"易地疗法"之一，
只换换被褥就能使人的精神面貌焕然一新。如果你觉得更
换被褥太麻烦的话，只换洗床单也可以。这种感觉我也曾
深有体会，听了先生的话，更意识到了这一点。

另外，我不保留访客用被褥。被褥既占用收纳场所，
管理上又费事。就算临时应急，由于太潮湿也不能直接使
用。听说过乡下的大户人家能从天花板顶上拖下三十套被
褥，说他们屈尊生活在被褥之下也不为过。现在我家也没
有访客投宿了，就算有，租来被褥用用就不错。

永葆清洁的床铺

三天换洗一次、半年更新一次的床单、罩
套类，我喜欢用品质优良、价格适中的
NITORI 家居店的产品。

第四章

——

"住"
空间

——

客厅里不摆放沙发

这类大型家具不适合日本人的生活

坐镇客厅的沙发，放在狭窄的日本家居中，不仅不实用，还碍事！沙发本来应放置在宽敞的空间里才能凸显其价值。要体现出沙发的特质，必须有个相当大的空间。如果您家有个像酒店大堂那样的客厅，就请便。而且，沙发也不是紧贴着墙壁放置的家具，很多人会错误地使用沙发。

日本人还不太会灵活使用这历史尚短的舶来品。很多人会从沙发上滑下来，坐到地板上，将沙发当靠背用。还有人在沙发上扔着晒干收回的衣物、杂志或刚刚脱下随手一扔的衣服，这样很不美观。

我曾见过这样的家居：客厅与餐厅连成一体，其间设置了一个榻榻米区（日式家居在客厅或餐厅通常会设置一块铺设榻榻米的区域，可坐可卧，一般只比地板稍高出一点），约四块半榻榻米大，其余空间都被"L"形的沙发占满了。

我虽是上午 10 点多才登门的，可客厅窗上的黑色百叶窗仍闭合着。因房间里太暗，就问"为什么不拉开"，回答是"拉开百叶窗必须跨过沙发"。

听后，我赶紧跨过沙发拉开百叶窗，房间变得亮堂起来。映入眼帘的是窗边一株枯萎了的巨大赏叶植物，有一人多高。便问："什么时候开始枯的？"答："像是五年前。"

在榻榻米区，有架与这块空间极不相称的钢琴。如果客厅里没有沙发，钢琴摆在客厅正好。本来榻榻米区就是个可坐可卧的地方，为何要紧挨着这里再摆个沙发？沙发本身倒是高档皮革的，却已磨得又破又旧，上面还扔着洗后的衣物。

女主人的儿子住在二楼，屋子乱成一锅粥，却仍不肯搬到一楼来。这远比家具与空间的不和谐更不幸 ——就算说是这沙发将其人生搞乱也不为过。

　　所以我想，这个家庭发生了什么不幸？经询问得知，原来，丈夫 20 年前出走，与妻子离了婚。房间至今还是 20 年前的样子，房间亮堂起来就会让人直面现实，所以女主人尽可能不去面对，不做改变。

没有沙发的客厅

一搬家就想买沙发（我也曾这样过），别急！
没有沙发的房间里，感觉真是宽大敞亮。随手
摆几把椅子，便成了艺术品。

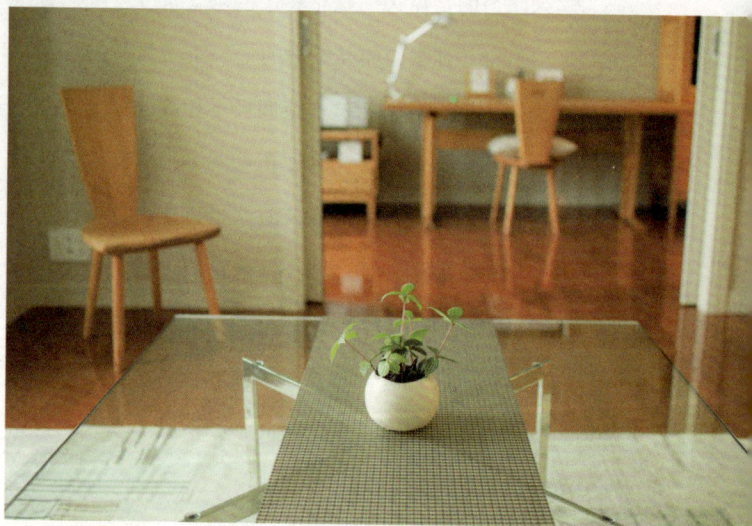

窗边放置酒店那种桌子和椅子

房间里美得看得到水平面

我家客厅与餐厅的中间,放着一张矮桌,没有椅子。铺着小地毯的地板上放几块靠垫可直接席地而坐。客人们也都无拘无束,其中还有一不小心咕噜一声翻身倒下的"高手"。这才是日本人喜爱的生活方式。

出于这一考虑,现在我家既不设餐桌(准确地说,这桌子正在书房里大显身手),也没有不好对付的沙发。**确认这些大型家具"要不要",从装修开始就做决定。**

如果判断"要",桌子水平面上什么也没有才是美的空间的关键。越能看得到水平面越丰裕,越看不到水平面越贫乏。当然这无关金钱。

　　正因为桌面是方便放置物品的地方，也才是更容易开始"断舍离"的场所。请一定从今天开始不断制造出水平面！请一定学会体味什么也没有的水平面渐渐显现面目所带来的欢愉。

　　再说回我家的客厅与餐厅，我在窗边还摆了一套小桌椅，为了营造像在酒店房间里，偶尔坐下来喝喝茶看看书的那种情调。与客厅矮桌相同，这套小桌椅也用了玻璃加钢管的简单式样。

　　可是，尽管这样，我从不在这套桌椅上做什么。喝茶有书房的工作桌或客厅的矮桌，看书则最喜欢在床上躺着看。

　　那为什么要摆套桌椅？完全是艺术行为！更进一步地说，桌子、椅子、照明都是艺术品。作为装潢，把它们如一幅图画般置于房内。必要时我也会坐上椅子用餐或工作，但大多数的时间只是用于欣赏，欣赏这一存在。另外，椅子上装饰点植物也别有一番情趣。

　　至于照明，在欧美很普遍的红色灯光，近几年大受欢迎。不过，我喜欢白色的亮堂堂的灯光，喜欢在明亮的地方吃东西，只在睡前会拧弱亮度调成微暗的光线。灯光会直接影响交感神经、副交感神经，所以我们可结合时间、场合、心情，选择合适的色彩与亮度。

享受窗边的舒适空间

一套桌椅摆在窗边。落地灯也统一选用钢管材料。摆放上小小的一盆绿色或异域小植物，给窗边增添一丝风情。

不该让绿叶和鲜花绝迹

家里脏乱，花草就易枯萎吗？

就在前些日子，我因需出门旅行两周左右，一直挂念着家里的赏叶植物常春藤。回到家，果不出所料，常春藤向下耷拉着，一副垂头丧气的模样，好在浇水后瞬间复活。当时正值盛夏，屋里很热，没想到这花这么壮实！常春藤既耐干又耐热，是共同生活的绝佳伴侣。

一位学员常说："以前常把植物养枯，'断舍离'后家里干净了，植物也不再打蔫。"这话不假，家里越清洁，植物活得越久。并且，养植物还能净化心灵、净化空气，我感觉屋里的邪气也变少了。植物枯萎，肯定是吸入空气中的邪气造成的。在没有邪气的清洁空间里，植物自然不会枯萎。

鲜花寿命有限，且受时间制约，养护要求较高，细致精心地装饰鲜花实属奢侈。平日保养鲜花，须在鲜花打蔫后，切去茎梗修剪一下，最后插进小花瓶即可。修剪到最后，仅有花朵轻飘飘地浮在水面上也很漂亮。常换换水，鲜花也能活很长时间。

我的茶道练习虽然断断续续，但对其中的插花技艺极为叹服。那真叫"简单"，只是一朵，无论什么花都能在壁龛里卓尔不群。因此，乱七八糟的房间里不能装饰茶花（茶室里摆设的花）。

插图画家兼随笔作家上大冈止的著作中有这样一句话："能在卧室里为自己装饰鲜花，真是无与伦比。"为自己的卧室装饰鲜花，可不是谁都能轻易办到的。既洒脱又从容，是真正的奢侈，能做到的话，绝对够地道。我还差得远哪！

令室内装饰鲜活起来的绿色

带来朝气与平和的赏叶植物。客厅、厨房角落或是书房一角，只要摆放一簇绿色，空间印象就大为改观。

窗外景致要讲究

"遮挡风景的窗帘"不挂亦可

窗,也就是画框。远眺被这画框截取出来的窗外庭院是日本的古有手法。窗户有通风、采光等多种功能,可仅有功能太无趣,就像吃饭,不能只是吃饱就好。在功能之外还要加上编导,编导甚至更加重要。

25年前建于石川的"断舍离公馆",在我经历了12年与公婆的共同生活后,终于成了自己的家。为使毗连的杂木林的绿色成为一幅画,在设计这个家时,设计师在窗上也着实费了不少心思。面向杂木林的客厅完全通透,开口部尽可能扩大,为使窗框不遮挡风景,三面窗的中间做成了固定框格。

古时，有套廊作为内与外的中间区，使内外无痕连接，却既不是内也不算外。日本的家居在建造时本来就很注重内外的联结，因此有必要认为，窗既用于欣赏从屋内望向屋外的景色，也是与外界联结的一个途径，而绝非要切断内外联结。

北陆中部的石川县是多雨地域，"断舍离公馆"便成了可以欣赏雨景、聆听敲打窗户的雨音的极佳去处。

窗外的东京塔

相比拉幕式窗帘，我更喜欢遮光帘或卷帘。

因是租住公寓的配套设施，眼下只能保留。

窗外就是东京塔。

　　租用公寓时我考虑的就是要有可供眺望的窗景。现在
的公寓位于东京都中心，因窗外难见绿色，退而求其次地
选定了看得见天空与大海的地方。寻觅新家时，我常见有
人只盯着房间布局。更有甚者，连现场都不去，只凭房屋
平面图就做出决定。我还是建议大家务必调动五感功能，
多关注关注窗的作用。

　　窗帘往往被理解为窗的配套设施，可我实在受不了幕
帘的厚重感。相比拉幕式窗帘，我更喜欢挂卷式窗帘、遮
阳卷帘或百叶窗帘。

　　厚厚的幕帘，易遮挡风景，遮阳卷帘则有通透感，能
使人感受到与外界的联结。一览无余地看出去难免无趣，
若隐若现才更撩人心神。宛如从纸拉门（日式建筑里一种
用于区隔房间的贴纸拉门）外透进来的模模糊糊的灯光，
就是要这情调。对，景色就是一种情调。

装饰特产画

装饰上墙，不愁安置

　　客厅墙上有两幅画。哪幅都大得令所见之众惊诧不已，视觉冲击效果"咄咄逼人"。画对于我，是力量的源泉。在与人的邂逅、与书的偶遇的同时，还有与画的相逢。

　　我喜欢在旅途中购买当地人的街头绘画。只有当地才见得着的那种，往往在信步游玩间不期而遇一眼相中。旅行归来，我常会为"土特产"的摆放地伤脑筋，而一幅画只须装饰上墙，无须特别占用空间。

　　我不会对旅途中买回的画置之不理，始终记挂着要镶进画框装饰起来，要以这种形式给"相逢"画上句号。这镶框作业也是"断舍离"式的，一番剪切装饰后画作更加

光彩夺目。因要托付装裱店处理，画框的价格常常比画要
贵多了。

客厅东侧最大的墙面上，有幅西撒的布画，这是我在
冲绳壶屋陶瓷街经营西撒等摆设的店里买到的。

我对简简单单贴在店内的这幅布画一见钟情，就问店
里的阿姨，回答却是"非卖品"。阿姨接着又说："这是
一位年轻西撒艺术家画的，我对艺术家说把西撒摆在这儿
倒是可以，不过要给我画个能给人留下印象的招牌，结果
就画了这个送来。这幅虽然不卖，但可以请艺术家给你画。"

于是我又问："大约多少钱？"答："一万块钱太委
屈画家了。""那三万块能给画？""应该够了。"日后，
一幅极简单的布画作品被送了过来。

我的客厅里还有一幅画，是我家唯一能称得上画家的
作品，倚靠在挂着西撒画的这面墙对面的墙边，是陶艺家
兼画家佐藤胜彦先生的画作。佐藤先生作品的显著特色是
在画里添文加字。例如，在熊熊燃烧的富士山下，写着"不

二山寿",更有"富士之命亦寿,亦福,亦吉祥"的语句紧随其下。

　　这是我第二次以佐藤先生的作品做装饰。每每望向上一次的佛画,给人的印象总有不同,确是一幅令人深思该如何与画作相处的好作品。

佐藤胜彦先生的富士山图
白色墙壁是装饰画作的最基本要求。有时会请人配上挂画的绳。佐藤先生的这件作品则配上"坐垫",倚墙而立。

冲绳的西撒画
特产画在装裱店入框,"完结了相逢"。金黄色的镶边使墨笔画更显生机勃勃。

第五章

———

"洗"
空间

不用浴巾

为自己定制高品质毛巾

孩提时代，我家没有浴巾。那时肯定有用浴巾的人家，想必也极为少见。现在我们已用惯了大尺寸的浴巾，会觉得毛巾太小，但在那时已够用了。不知不觉中，浴巾已深入我们的生活。

去泡温泉时，大家都带着浴巾，我却没带，就只用条毛巾擦洗身子，再紧紧拧净拭干。的确，毛巾是万能的，毛巾的使用没有标准。

因此，我在家也不用浴巾（宾客专用的倒是有）。**我用着 6 条毛巾，而且是大小种类完全统一的酒店式样的高品质白毛巾**。在这方面一定要舍得为自己花钱。松软的毛巾带给人幸福的感觉，只是这触感就让人温情复苏……选择毛巾时尤其要重视它带给肌肤的触感。

毛巾经反复洗涤后触感会变粗变硬，这时就该淘汰更新了。毛巾属易耗品，大约一年就要更新定制一次。

在我家绝不会有捡了便宜似的使用低价的赠品毛巾这类事情发生。质量差的毛巾我都及时处理掉，自己用的是定制的品质优良的，这是个基本原则。

跟浴巾一样，我们在不知不觉间极易中招，被形形色色的商品"登堂入室"。什么护发素啊，美容液啊，"这么说来，以前可没有呀"的东西都被当作生活必需品。家里随处放置的蹭鞋垫就是其代表，洗又不能与衣服一起洗，晾干又极花时间，确实难以对付。

一经"断舍离"，我们便能清楚地了解自己是如何不假思索地将毫不需要的物品带进家门的。一旦停止思考，物品只会一味增多，结果令自己负担加重，苦不堪言。对于各类物品的保养工作又根本跟不上，于是对此充满罪恶感，与自己折腾自己无异。因此，东西还是少些为妙。

将美容乳液的备用品放在
不便拿取的较高位置

兼做粉底液的保湿霜

展示性摆放美容妆饰用品

拉开梳妆镜，将护肤品、化妆用品摆放
美观。这里虽然不对外示人，每天拉开
门看在眼里，心情顿时就会愉悦起来。

护肤乳　粉底霜

美容液　角鲨烯油

睫毛刷等　　化妆刷

芳香精油

垃圾箱（原
来的花盆套）

按展示的标准
精选洗手台周边物品

洗手台极易被牙刷、牙粉、香皂、面巾纸等零零散散的物品堆满。将这些物品收拾进抽屉内或门后，空间顿时清爽，打扫起来也简单。

牙刷

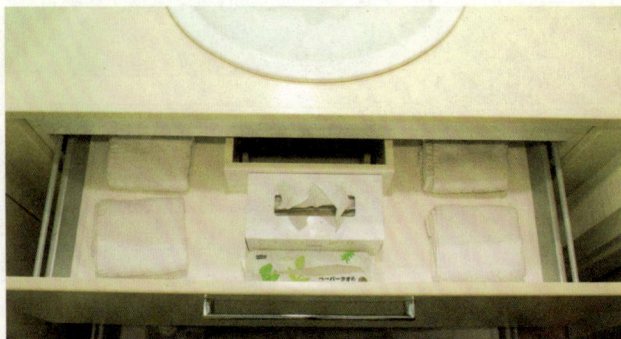

选择触感舒适的毛巾

洗手盆下的上层抽屉里，放置 6 条完全相同的白
色毛巾。一天用 2 条，每天清洗。

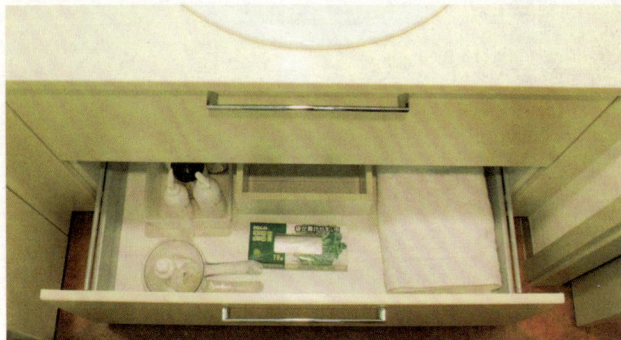

整套洗浴用品置于抽屉里备用

毛巾下面的抽屉里，有宾客专用的一条浴巾、
抽纸及整套拿进浴室用的洗浴用品。

只在早晨护肤，夜间就免了

清晰展示每件化妆用具

从前偏爱素颜的我，近年来随着在人前亮相机会的增多，也开始化妆了。尽管如此，我对没必要的妆饰仍不自觉地坚持着从简原则，皮肤护理、化妆步骤也都"能省则省"。

一位精通美容的朋友为我配备了化妆水、乳液等全套护肤用品，我一直用着。我只在早晨护肤。首先，涂上起泡式按摩膏按摩面部片刻。注意使按摩膏起泡时，不要用起泡网，手动起泡才是关键。接下来，开始洗脸。最后，依次将化妆水、乳液、精华液涂在面部。朋友教的这些步骤，我常常偷工减料。

夜晚"断舍离"一切皮肤护理。日本美学家宫本洋子女士所著《只需在晚上进行的美容断食》一书中有句话："只在早晨护肤，夜间就免了！"正合我意！遂采纳了这一做法：夜晚只洗脸去污就结束了。其后什么也不做、什么也不抹。睡眠时，什么也不涂抹的肌肤最舒爽。我的皮肤至今不曾紧绷、起皮或发痒过，所以今后要继续将这最简单的肌肤护理步骤保持下去。

将化妆品或护肤品等收纳于盥洗室镜门后，拉开门简直就像到了商场化妆品专柜，所以一定要陈列美观。就算小小一瓶也要留出摆放空间，这样既容易检视余量，也方便"用完放回原处"。

五花八门的化妆试用品一概不要收。很多在店门口无意中随手收下的东西，实际上真用得着吗？如果用不着，要学会在当下直接一口回绝"不要"！

再说说从抽屉最里头摸出来的用了一半的牙粉，若是你会怎么处理它？将正在用着的牙粉用完后肯定能用得上，可那是什么时候？半年后？那现在将其置于何处？半年后还有心再用？左思右想，最终将它送进了垃圾箱。

这种"不知道什么时候能用得上的物品"很难取舍，需要用"必要·合适·愉快"的感觉来判断。

洗发水、香皂等物品
每次用时再带进浴室

需要脸盆？空无一物的浴室清扫起来更方便

你的浴室里都摆着什么东西？是不是以洗发水、洗浴液等瓶装类用品为代表，从洗澡凳到洗脸盆，从刷牙用具到脱毛套装，一应俱全？更有甚者，墙边还倚放着根本没用过的澡盆盖，以及海绵、刷子等清扫用具。清扫浴室时，往往需要将这些形状大小各不相同的东西向右或向左移开，实在太麻烦！瓶子自身又溜光易滑，难以清洗。

所以我决定在浴室里什么都不放。洗澡时，按钱汤方式（去公共浴池洗澡）只将必需品带进去就行了。其实这种方式是在与作家岩崎夏海先生对谈时学到的，马上被我用于实践了。

　　"钱汤套装"都集中在一个小提桶里，里面有洗面乳与洗发水等，要用护发素也一并带进去。是的，这就是我拿进浴室的全部用品，不用脸盆。

　　进浴室时带入这个套装，洗完后再随手提出来。洗完澡，浴室里什么也不留。浴室的地面保持得干干净净，每天清扫也轻松。离开浴室时，捡净排水沟里的毛发，赶紧擦拭干净，也不会黏滑。因洗澡后要用浴室烘干机烘干洗过的衣物，这一过程也会使浴室整体干爽。

　　清洁浴室用的刷子或扫帚，等留意时，往往已粘满霉物或污垢。就算想把浴室清扫干净，清扫用具太脏同样没辙。因此，清扫用具不要放进浴室，控净水后直接收拾到盥洗室橱柜里吧。

洗过的衣物用浴室烘干机烘干

高层公寓不允许在阳台晾晒衣物，所以得用浴室烘干机。装上挂衣架，床单或牛仔裤则可以直接搭到杆子上烘干。

每次带进浴室的"钱汤套装"

将全套洗浴用品装在透明提桶里带进浴室。洗澡出来后擦干提桶上的水滴，再放回原来的抽屉。

只是擦亮水龙头，盥洗室就大变样

让家里如镶满钻石般闪闪发亮

每逢假日来临前，我家里由于工作关系而登门拜访的宾客便络绎不绝。有客登门时，我对清扫工作更加热情高涨。

房间已收拾妥当，接下来便是"扫"，这由扫地机器人"伦巴君"负责。扫完就开始"擦"。对，亲自动手拼命"擦"。擦卫生间、擦洗手盆、擦镜子、擦烧水壶、擦玻璃，比平日更用心，而且擦起来就停不下手。

特别是一擦亮水龙头，盥洗室的整体面貌便焕然一新。不需要"闪闪亮"系列洗涤剂，就用碎布不停地擦，只要擦就会干净。

这是为招待宾客？是为请宾客看到干净的房间？还是想获得宾客"了不得，了不得"的夸奖？都对，回答都是"是"。不过，在将房间擦得锃光瓦亮的过程中，唯有"擦亮"这一行为本身最有趣。

谁都喜欢发光发亮的东西，谁都易被发光物魅惑。光亮、光辉、亮闪闪……哎呀呀，家里就像镶满了钻石！意识到这一点，你就会发现这最简单的"擦亮"作业的妙趣。

不过也有这类情况，浑身上下珠光宝气的人，家里的水龙头却模糊不堪、暗淡无光。我有位学员就是这样。从外表上看，她生活丰裕，可谓"大富豪"。她家里却乱成一团，又可谓"贫民窟"。她自己也想设法解决掉这种不和谐，也觉得"这样下去可不成"。

就像一个明明很招人喜欢的人，说起话来却满嘴"不过、可是"之类的口头禅。越是这样越该开始"断舍离"，把相去甚远的外（外表）与内（家里、内在）统一起来。

　　如果物品收拾得不及时，达到"扫清""拭净灰尘"这一阶段后，自己就会觉得已相当努力，往往心满意足、止步于此。难道你不想再进一步，一起享受就在前方的钻石般闪亮的魅惑世界吗？

擦亮看不见的地方乐趣多

排水沟不黏滑的秘方

说件刚搬来公寓时的事情。请房屋清洁人员帮忙打扫后，表面上倒是干净了，可我总觉得浴室那边有臭味。百思不得其解。大约一个月后，总算查明了真相：原来就在排水沟的里面堵着棒球大小的一块污物。

将看不见的地方清理干净后，真是让人神清气爽，感觉成了"表里如一的自己"。不过请谅解，仅限此时，让我用用消毒剂。

排水沟每天洗刷就不会黏滑，要使其达到不用消毒剂的状态。当要为防黏滑做点什么时，说明平日的养护频率过低了。那么，献给正在与排水沟的"黏滑"做斗争的诸位，在此我要高声倡导如下"防黏滑三原则"。

"不黏滑，不使其黏滑，甭想黏滑！"

哼唱着这支歌，就是懒得下手的大扫除，会不会也变得轻松起来？

在这里说个秘密，我给我家黏黏滑滑、油油腻腻的污垢们起了个名字，叫"赖着不走的某某小姐"。其实某某是曾经让我严重嫉妒地以至难以自拔的境地的一位女性朋友的名字。（请谅解）

也许这就是自己不愿承认的嫉妒心在作祟。

边用旧牙刷拼命洗刷污垢，边唱着："某某小姐，别再赖在这儿，快快滚远点吧！"

由此可以想象，排水沟光亮如镜，我的心情也畅快无比。怎样？一起感受下我这"见不得人"的乐趣？

蹭鞋垫仅存在于浴室中，使用后马上清洁晾干。

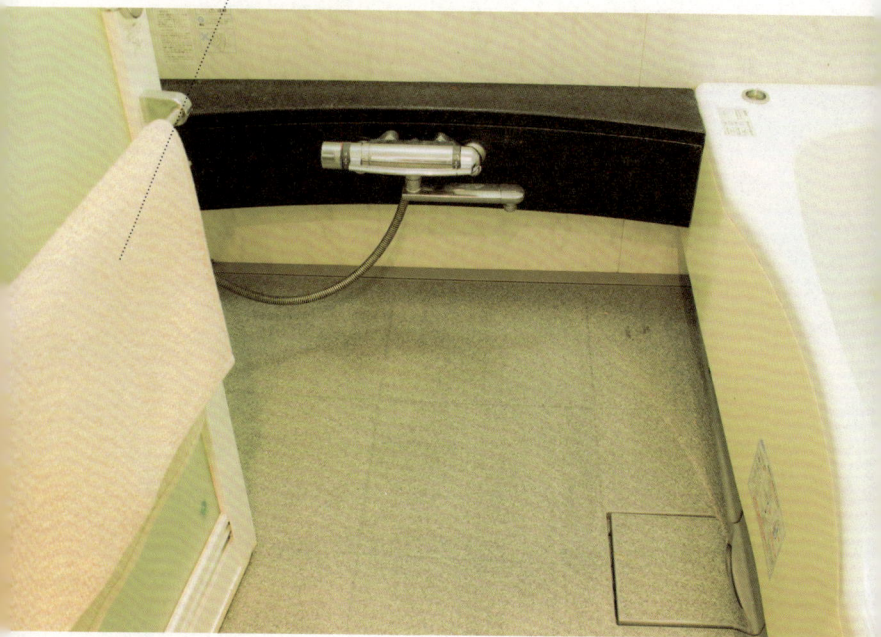

浴室里什么也不放

洗完澡捡净排水沟里的毛发，如确认没有水垢，就不必使劲洗刷。有浴室烘干机烘干，也不必担心哪里发霉。

年底不用大扫除

奉行"随手清洁"，常年保持洁净

大扫除首先为自己服务。在干净清爽的空间里，自己比谁都舒服。其次，大扫除也是为空间及物品服务。对平日里关照自己的空间与物品满怀感谢之心地扫清、拭净、擦亮，对置之不理的空间和杂乱无章的物品带着歉意地扫清、拭净、擦亮，也是为使空间和物品本身恢复到精神舒畅、开心满意的状态。对，所谓年底大扫除，就是对空间与物品"致谢"并"致歉"。

不过，年底不用大扫除才是最理想的，要避免需要对空间或物品"致歉"的状况发生。

为此，扫除要按"随手清洁"的方式常年进行。

如果常日里认真清扫，大扫除时就没必要挖空心思地清除污垢，也用不着依赖化学药剂来解决污垢问题，只要做好日常清扫工作，化学药剂本无须使用。

若造成需要年底"致歉"的状况，则一年到头都怀有"不想给人看""不想被人看"的心思。这心思挥之不去便成了一种精神压力，这精神压力又反映在家里的各个角落中。形成恶性循环后，只能不断地为自己寻找借口。

当然也有即便房间脏乱的状况被人看到也能泰然处之的人。这完全是感觉麻痹、感性钝化，这情形很可怕，哪怕有点装门面的意思也好啊！

说了这么一大通的我，也并非完全不搞大扫除。母亲家仍需要大扫除，那里的维护管理曾是我的职责。

一楼的客厅和厨房等公共区域在"断舍离"的规范下，变成了清爽的空间。这是任由我清理的战果。问题比较大的是二楼的母亲的房间。因为不是我的地盘，只能极谨慎地加以干涉。母亲的房间乍一看倒是整洁，其实是彻头彻尾的停滞区域，什么都看得紧紧的，动也不让动。物品仅仅是存在，用得上的只有极少数。

不备卫生间专用拖鞋

难保清洁的卫生间蹭鞋垫、马桶坐垫、洁厕刷也淘汰

我家卫生间里没有拖鞋。这样说，肯定会有人奇怪吧？不过，我常常希望解除对"卫生间是很脏的排泄空间"的心理障碍。因为内心设定了卧室是干净场所、卫生间是肮脏场所这种区域划分观念，才需要在卫生间放拖鞋吧！

卫生间也是待客空间。就像用"食"来待客，卫生间也同样。对人而言，"食"是入口，卫生间是"排泄"的出口，哪方面都不能耽搁、不可怠慢。

因此，清洁、保养家里的卫生间至关重要。为此要按"随手清洁"的方式清扫。与身体保养的观念相同，有了休垢就该清除，卫生间里的污垢同样应及时清除。虽说有看得见的污垢和看不见的污垢，但污垢即使看不见也会散发异味。

不放置不适合"随手清洁"的卫生间蹭鞋垫或马桶垫。除非每次用完卫生间都清洗这两样东西，否则怎能保持清洁呢？

我也不用洁厕刷，而是用一次性的卫生间专用清洁纸不断擦拭马桶、马桶座及地面，一天擦好几回。

解开买回的厕纸的包装袋，将厕纸一个一个取出保管。这是将物品带入空间时"事先费的精力"。这样，使用或更换厕纸时，就减少了一个动作。在卫生间、厨房、衣帽间，将"断舍离"的思路贯彻始终。

清洁舒适的卫生间

没有蹭鞋垫也没有拖鞋，按"随手清洁"的方式，卫生间变得极易保养。加上一簇绿植或一抹清香，皆可编导"待客"大戏。

芳香飘溢，令人欢喜

北海道特产天然薄荷精油

我喜欢卫生间里飘溢着薄荷的芬芳，也很喜欢同样透着清凉感的大叶桉的清香。

香味也可用来待客。卫生间的基本要求是清洁，在此之上，如果还有芬芳剂或者鲜花等可以润泽心田的物品，会更舒心吧！

去北海道旅行时，我买回了提取天然薄荷而制成的芳香精油。特别中意的是北见名产"天然薄荷精油"（985日元）。这款精油在机场也多有销售，很适合做礼物。

芳香精油中，薄荷味的能以较便宜的价格买到，是初用者也很容易适应的香味之一。

　　药妆店里会出售一种朴实无华的瓶装薄荷精油，多有地道的上好香味，请一定试试！

　　用薄荷精油浸透棉纱布，预先暗藏在厕纸卷筒中。客人们在卫生间里找不到香味瓶或香味发散器，嘟囔着："哪儿来的香味？"他们东找西找的样子可真有趣。

　　平日里也可充分利用芳香精油的各种功能。卧室里用帮助安眠的薰衣草香；书房里用提高注意力的迷迭香，混合上薄荷香也一样受用。

　　除芳香精油外，还常有熏香登场。去海外旅行时，我常常被当地神秘的熏香迷住，买下不少，等意识到这一点时，抽屉里已咕噜咕噜滚了一大堆。想起时就摸出来一根，放在书房香碟上点燃。伴随着梦幻般的瑜伽音乐与缭绕的香烟，文稿进展神速，真不可思议。

在厕纸上设个机关

将芳香精油滴入棉纱布，藏在厕纸卷筒中。每次轱辘轱辘，就飘出淡淡的香气。

第六章

———

"学"
空间

———

餐桌用作工作桌

桌上，一台电脑、一个笔筒

工作桌越大越好！ 我以前放在餐厅里的餐桌现在正在书房里被用作工作桌，它的尺寸是 180 厘米 ×90 厘米。一旦我们展开工作，最重要的是能够"俯瞰"工作台。一般的学习桌没有足够的尺寸承受得住"俯瞰"，而用办公桌从室内装修角度讲又稍显无趣。于是，这耐脏的核桃木餐桌，不，工作桌，虽带点瑕疵也别有一番情趣，令我越用越爱用。

只有一点不好办，那就是跟餐桌配套买来的椅子，因为它们同样由坚硬的核桃木制成，若人一直坐在上面的话，屁股上会坐出黑斑……我当然不会连续几小时坐着吃饭，可从早晨起床直到天黑，常常忘记吃饭一直坐在书桌前工作。"这可不得了！"于是，我赶紧加了个坐垫。

工作中，桌面上会散落着各种物品，但我更想说成这

方便工作的宽大桌面

将在生活艺术工房订购的餐桌改用为工作桌。宽大的桌面，最适合"俯瞰"工作文件。

样是我有意使其散落。从文件到资料、书籍，所有物品都最大限度地摊开，处于视野内，是为"俯瞰"之势。这样做，需要的文件一触即得，脑袋里的东西也能得到整理。

工作结束，我会将各类物品原样放回橱柜或抽屉，只在桌上留下松下的"Let's note"笔记本电脑与笔筒。

"反正第二天要处理同样的工作……"有时我也会任由物品散乱在桌上直接上床，但原则上都会留心收拾干净。平时工作，即使出错，我也不会让打印纸堆积如山，因为那只会引发"雪崩"。翌日清晨，桌面上什么都没有的桌子与乱七八糟的桌子，看到哪个你会心情愉快地开始工作？我只是坐在干净清爽的桌边，创意就能从天而降。

工作桌上方的墙壁上，装饰着花体字。这是在美国西雅图的路边店买的，是位韩国艺术家的作品。我在现场等了几分钟，请其绘出了"DANSHARI HIDEKO"（断舍离英子）字样。

之后，我将带回来的两张图拼接在一个画框里，做成一幅很漂亮的画。工作中抬头看看，这些美轮美奂的花体字就像在为我打气。

笔筒里有三支笔

可当作艺术品欣赏的笔筒

我书房里的工作桌上，摆放着电脑与笔筒。因为我总想一下子就能将需要的东西拿到手，因此会将多余的笔收拾在抽屉中。

说起笔筒，对于笔与笔之间毫无间隙、插得满满的笔筒，人们已司空见惯。但在我这里大显神威的笔只有三支。再加上修正笔、剪刀和直尺，这就是全部。备用笔与其他备用文具都放在抽屉里。

现在介绍一下我的这三支爱笔。

第一支是黑色仿毛笔，是一款橡胶软头签字笔。有个时期我爱用 SIGNO（三菱铅笔制造的中性圆珠笔品牌）的

用马克杯做笔筒

笔筒也选用令人赏心悦目、心境平和的款式。
想来点变化，就换个马克杯。笔筒本身就是
工作桌上的艺术品。

蓝黑圆珠笔,最近迷上了具有流畅轻快的书写手感的签字笔。笔尖在纸上顺滑无阻,从天而降的创意语句落笔成文,真中意这感觉。

第二支是 FRIXION BALL〔日本百乐(PILOT)公司的可擦写圆珠笔〕的三色笔。我在记事本上记录日程时,会使用三种颜色。这款圆珠笔的强大之处在于可将字迹完全擦净,因日程表常会变更,这支笔绝对适用。

第三支是荧光记号笔 TEXTSURFER GEL〔德国施德楼(STAEDTLER)品牌旗下产品〕。其蜡笔般柔软的书写手感极为难得,这也成为其一大特色。以前用过的荧光笔,在飞机上用时,会因气压影响造成墨水外漏。而用这支笔时,即使手下不稳,当然包括在飞机上,也能毫无压力地画出线来。

我读书时经常用荧光笔将重点语句圈出来,因此手边的书里,不是黑色就是黄色。另外,用签字笔在"思考整理本"(第197页)里做图示时,也会因"这里特别重要"而又换荧光笔出场。

用"三分法"管理工作

让乱成"一锅粥"的脑袋变清爽的方法

原则上可以将工作分三类。正如"断舍离"由三个字组成，任何事物都可以一分为三地来考虑，按"三分法"整理头脑中的思绪。

工作中的桌面上，虽然用"俯瞰"的方式将文件铺排得场面很大，其实桌上的文件可大体分为三类。首先，进行中的工作文件居中。左右则分别是完成了的工作文件和将要着手的工作文件。

不仅限于桌面上的物品，保管进橱柜、抽屉里的物品也都分三类。"断舍离"不设置严格死板的规则，均以"三分法"这种宽松的思路执行。

比如，进行中的文件，稍后会被移到已完成的工作区域。此时，要决定文件"留还是不留"。"留"下的文件存档至已完成工作区，"不留"的文件马上刺啦刺啦地撕碎。决不"姑且留一留"，要确保工作无间断地推进。

把从过去到未来的文件，如收纳商品般很完美地分类的也大有人在，但我无论如何都做不到。文件一收纳起来就会忘掉，这就是所谓的"收纳即忘却"。因此，我只把真正当作保存版的东西留在身边。我留下的，仅是出书过程中的完成版，并没有将中间草稿作为"努力过"的纪念保留下来。

我这样以"三分法"不断"断舍离"的理由，完全是因为脑袋极易乱成一锅粥。我常常没头没脑地胡思乱想一通，因为实在不愿事态比这更没头没脑，就只得拼命减少物品。其实我真不是整理能力特别强的那类人。

有的工作确实也会同时进行，这儿沾沾手，那儿沾沾手……我绝不是这种能把事情一件件积攒起来再一件件处理掉的人。我若是没想做什么事的话，绝对不会触碰一点，直到有心做了，才会专心开始，这样就不会转来转去坐立

不安。我有时就像考试前一天开始整理抽屉的学生，擦擦
这儿蹭蹭那儿，忙个不停。

　　不被逼到截稿日期就什么也不做？是的，可以说我就
是被逼着才能发挥出能力的那种类型吧。

备用文具集中管理

常常在文具店里碰上新品类

　　整整一抽屉，所有备用文具都"和和睦睦"地躺在一起。我就是这样集中地管理备用文具，并不像所谓收纳术那样，将其贴上标签按品类分类管理。

　　我也曾尝试过细致地分类，但很快就死了心。

　　"断舍离"建立的是无须细致分类便可达成目标的体系。若你能做到"俯瞰"抽屉内的物品，管理也就轻松了。

　　现在按备用文具的品类数一数吧！圆珠笔1支、签字笔3支、记号笔1支、万能笔2支、大小夹子各3个、铅笔1支、橡皮1块、活动铅笔1支、铅笔芯1盒、墨水笔芯3支、浮签5套、胶水1支、透明胶带1个、订书机1个、订书钉 1 盒。

　　备用文具的数量要严格控制。备用品短缺会不会有问题？不会，因为能将抽屉一览无余，备用品自身就会发送给我"马上要断货"的信号。就算断了货，在当今时代，也能马上跑进便利店补齐。我这里没有藏而不用、永无出头之日的备用品。

　　我总在文具店购买文具。文具店跟书店差不多，是个充满乐趣、能激起理性好奇的仙境。我也总期待与最新款文具，与意想不到的品类相遇。我的书主要从网上书店买，有时餐具也在网上购买，唯独文具一定要抬腿跑去文具店买，因为网购往往会形成大量购买、集中购买的局面。

　　尽管这样，这个备用品抽屉也要经常"断舍离"。抽屉是个不易使物品引人注目的封闭空间，是个易使零碎物品逐步堆积的盲区。

　　最终，会积攒下质量低劣的圆珠笔，比如那种觉得人家特意赠送、明知书写不适也佯作不知的品种。适可而止吧，这种薄礼文化难道不是更该"断舍离"吗？

电视柜不放在客厅里。

在色调单一的音响类家电空当处，置一丛使心灵宁静的绿色。

抽屉里整齐地收纳着备用文具。

音响家电俨然成为室内装饰的一部分

电视与各类播放器互相匹配。

下面是 DVD 播放器和便携 CD 播放器。这是书房里小小的音响角。

从秘鲁捡回来的沙漠之石——能量石。

花花绿绿的邮票藏品

电视柜下的抽屉里，是"因为要用"才向丈夫索要的邮票藏品，没有藏而不用之物。

备用文具的集中管理

将备用文具集中在一个抽屉里。什么东西有多少一目了然。分品类限制数量，可留可不留的随时"断舍离"。

多余的邮票分赠出去

加上句话，不给人造成负担

曾几何时，分赠物品这一温馨场面在日本随处可见。与送礼或赠送不同，这里并非特意去买家里没有的东西送人，因为这样自己的持有物并无减少。分赠是因苦于得到的过多，有请大家一起分享的意思。因此，食品就不必说了，衣服、餐具、书籍，只要我想到的，马上就会将多余的分赠出去。

"在物品尚能使用之时分赠"，这是"断舍离"的原则。将物品保存起来不会产生使用价值，转赠给其他的人持有，物品才能循环利用。与其使物品无休无止、杂乱无章地摆放在家里，不如请人拿走更清爽！有时我甚至会有"感谢帮我清理东西"这样的心思。

以丈夫长年累月收集的大量邮票为例，丈夫虽不是个狂热的收藏家，不过男人总有个收集邮票的时期吧！我开始独居生活时，觉得邮票躺在抽屉里睡大觉太可惜，就全带了出来。虽是这样，但因为我也不是个能认真写信的人，所以邮票根本用不完。于是，便凑够数送给了一位画"绘手纸"（手工绘画并配有手写短文的明信片）的朋友，他欢喜得不得了。并且，绘手纸上贴上与图画搭配的邮票更具美感。对于买得太多的土特产，我会拜托碰巧上门的电力工程人员带走。分赠物品时如何表达非常重要，话里话外不能给对方造成负担。

分赠时附带一句"家里有太多，吃不了正犯愁哪，您能笑纳，真是太感谢了"，比起"这个，给你"更加礼貌柔和。太强加于人，对方会反驳："你家不要的东西，我也不要！"

如果分赠方常担心"对方会不会也有多余的"，而受赠方常顾虑"收下了就必须回赠"，这一来二往，会最终导致人际关系难以融洽。所以，无论赠予与受赠，都不要有过多的心理负担。

　　如果将这小小的分赠作为生活方式的人增多，更轻松和谐的人际关系就会随之产生吧！

　　"不好意思，我这里有富余，请您笑纳。"平日里若能达成这样的人际交往，该有多美好！

将纸制品在"门口"断绝

真有"扔了会惹大麻烦"这样的事?

信件、发票、宣传单、使用说明、各种印刷品……家里满是乱糟糟的纸制品,还无法一扔了之。原因是:

文件——见证了我努力的工作;

资料——提供了大量的信息;

书籍——涵盖了丰富的知识。

这些都称得上是能够满足人的社会性认可需求的证据。

对它们问"要"或"不要"难度相当大,但不要的东西就不能要。面对纸堆，若前思后想犹豫不决，更浪费时间。

　　因此，舍弃的时机就掌握在"每次的相遇"之时。纸制品稍不留神就会堆积下来，因此要在门口或门口附近断绝。 "绝不能从这里进门！"我会在玄关处意志坚定地将其舍弃掉，也不用碎纸机，就用手刺啦刺啦地撕碎。我根本不去看"稍后再看"或"写有重要的事情"等字样，态度干脆而明确。事实上，丢掉某些纸制品后并非完全没问题，只因记忆中还没发生过什么，想是无甚大碍罢了。况且当今时代，若真有什么问题，打个电话就能解决。

　　家电等物品的使用说明书也要在开箱时当场扔掉，即使是操作相当复杂的也不留！就像电脑操作说明书，我从不看，也看不懂，不如问问精通电脑的人最省事。

　　这样一来，说明书类的纸制品就不会在家电本尊已不存在时还冒出来。而且类似吹风机等小家电本来就不需要说明书，要鼓起勇气舍弃它们。就算家电出了毛病，我也认为那就是事故，不可能因为没有保修单就不能请人维修。

　　租住公寓常有入住指南，一代又一代租户的指南都留在架子上。因为不是自己的东西，谁也不愿处理，而且搬走时自己那份也被留了下来。这类事情绝不能容忍！我连同前任租户留下的共三份入住指南一股脑地"断舍离"了。

带玻璃门的橱柜上层是展示及工作文件区，
下面的抽屉是与钱物有关的物品及名片、印
章等贵重品区。

第 1 摞

现在进行中的工作文
件：必须马上着手办！

第 2 摞

接下来的工作文件：稍
后再办。

第 3 摞

已结束的工作文件：放
在确认"是否留"的浅
筐里。

三分法保管工作文件

与工作有关的文件，置于玻璃门内，分成"三
摞"保管。不断扔掉用完的文件，使橱柜里
装饰器皿更从容。

只有针插与线的微型缝纫工具，需要时马上能用。　零钱　名片　收据

财务专用抽屉

橱柜第一层抽屉，是财务相关区域。收据、发票统一盛放在一个盒子里，计算器也一并放入。零钱放在一个小盒子里。另外还有专门的名片盒、印章等。

经常用到的物品

照相机、耳机、便携式播放器等经常随身携带的物品置于这个抽屉里。所有抽屉都铺上防潮纸。

使用最少的物品

护照、银行卡等放在这里。

收到的明信片和名片的去向

姑且留下？不!

常听人说收到的贺年卡、答谢信、问候信等因饱含深情，不便处理。有人认为最好保留几年，至少一年。我怎么应对？我呀，真不好意思，我早就处理掉了。读过字面内容，感受到对方情意，明信片的使命就宣告结束! 纸制品太容易存积，没有"要断绝"的意志真的会很麻烦。

收到的名片也不留存。有人说"不能扔掉接过来的名片"，但有什么不能呢? 因为写有个人信息? 那么只需要撕碎它们使隐私内容不为人知，或扔进碎纸机处理就可以了。

现在我虽请事务所的人对收到的名片进行数据管理，

但在交给负责人前仍再三精简。仅仅交换过名片的人，要多少有多少，这类名片要毫不犹豫地处理掉。

本来我就看不出名片的价值。名片交换，只是彼时的客套，与落地无声的言语无甚区别，不过在寒暄辞令上加了客套的文字而已。我认为通过分发名片构筑人际关系的可能性微乎其微。总之，我就是这种个性，一点也不在意自己的名片被扔掉。

这样，我只将留在手边的名片保管在书房橱柜的抽屉里，旁边是自己的名片。

我名片上"山下英子"这字，是请很敬重的一位书法教师以太阳的形象描画出来的。

山下英子的名片

住址、电话、邮箱一概没有，名副其实的只有名字的名片。名片上的图案，仅仅持有就令我意气风发，甭说递出去的时候了。

贺年卡，免了！

将这种负疚感"断舍离"！

年末写贺年卡的习惯已被我"断舍离"数年，因为我选择用不近人情或久疏问候的负疚来换取年底时间与心情的余裕。

早些年头，我本打算回复收到的卡片，可数量实在太多，回复计划遭受挫败。于是从第二年起，**不管收到收不到，我一概不发！至此贺年卡本身也被"断舍离"后，心情反而畅快很多！**告别多年的习惯，虽说开始时稍有犹豫，但现已卸下对贺年卡曾有的精神负担。

现在，仍有人给我寄来贺年卡，对此我真是心怀感激。

发自心底的祝福令人欣慰。不过，"因为大家都发，如果我不发……"有的人因有这种心理作怪，对没发贺年卡深感内疚就没有必要了。

也有发出去却适得其反的情况。例如，一言不附仅有印刷文字的贺年卡，与其简单机械地一发了事，还不如不发。要发，就该写句话嘛！

有时，我也会收到一起共事的同事发来的答谢信。尽管非常高兴，收到手写的书信，却倍感"必须回信"的压力。所以就算我要写信，也会先替对方考虑："这位会不会对回信有顾虑？"

原则上，没有答谢信和问候信，对于对此毫无怨言的我真是天大的喜事。因为自己就是"不发"的那类人，所以对"发给了你，回信就是天经地义的"这种心思很是厌烦。

我婚后长年居住的石川县就有这样的习惯。一直旁观被这习惯折腾得昏天黑地的婆婆，她的口头语是"不说点吉祥话会遭人厌啊"。她总想让别人感觉自己做得很周全，好像别人的评价成了她的人生标准。

　　我知道传统与习惯固然重要，却也不愿过分难为自己。

　　现在智能手机几乎人手一部，人们可以随时发送各种形式的信息，贺年卡也变成更为简单的形式在人间继续你来我往，而我依然是不会主动发送各种俗套的祝福信息的人。

书房的衣帽间

书房的衣帽间里，右边是书架，左边是包类。正面什么也不放，从工作桌那边望过来，看不到任何物品，就像另有一个房间般宽阔。

书架也置于衣帽间内

衣帽间右边是书架，总计有 200 本书。经严格分类，选出要送人的书、新购进的书等，时时保持新旧交替。

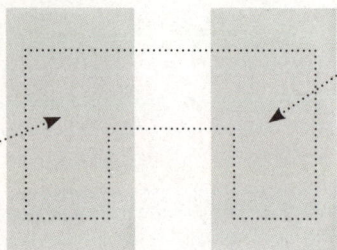

背包悬挂起来收纳

衣帽间左边是包类。它们被"舒舒坦坦"地挂着，方便取出也不易变形。我的包以在东南亚和南美市场上一见倾心的彩色背包为主。

只有这儿不能动

这是绘画和书法的练习用品。因为我的水平还差得很远，已变成了"魔窟"。

有插座更便利

书架中层放着打印机，一角的"伦巴君"正在充电。衣帽间里有电源，用途更多。可一览包内物品的收纳筐在此待命。

每次要用的工作方面
的研讨会资料。

使用次数不多的打
印机也放在这里。

放置包内物品的
收纳筐在这里。

舍弃的书，保留的书

"书要拥有，书要翻烂"，

这就是独成一派的山下式读书法

我买书的频率惊人，一般按每周 2～3 本的节奏购入。用作资料的书籍也好，靠在床头看的小说也罢，都不借阅，一定要自己拥有。在图书馆预约本书，前面有几百人等待的情况时有发生吧。图书馆可以借阅难搞到的古书或资料，却不是借什么畅销书的地方。

不过很遗憾，最近我不怎么逛书店了，几乎都上网买书。对此稍有点难过。因为我最喜欢书店，常常坐在里面不出来，买下不该买的书也开心。与此相反，在网店买的书转眼就送到家。二者各有所长，要尽情享受这两方面的好处。

现在，我的手边约有 200 本书。书的总量不变，构成上，购入与送出的书时常更新。那么，如何区别要舍弃的书和要保留的书呢？

留在身边的书，是已读透读烂，读到发黑的那一类。贴浮签都嫌麻烦，干脆折起页边，用记号笔画线圈圈的这类书留下。

将书翻烂，便是我的读书方法。因此，如果是借的书，那可要赔偿了。

书这种东西，跟食物一样。先尝一口，咦，觉得不对劲的东西用不着吃到最后，而尝到甜头的可一口气吃完。有读不进去的书很自然，这种书里哪怕有一句话能打动自己，买得就值。

尝一口就够的书要定期处理。本来我一直将其送去废品回收店，有段时期嫌麻烦就直接作为垃圾处理掉。不过这对书籍出版者不够尊重，书能传递到下一位读者手中最是幸运。

所以，我将大多数的书赠送他人。虽然大多数的书都

已破旧到不能送人的状态，但我一般会先告知对方一声，

强调书本身没什么问题，再请人收下。其中也有人喜欢要

"山下女士画了线的书"，说因用黄色记号笔画了线，容

易看到重点。

让背包每晚尽情呼吸

掏出包内物品置于收纳筐中，回顾一天的时光

美国西海岸郊外有家奥特莱斯店（OUTLETS，品牌直销购物中心），顺路漫步至此的我，完全被那场面吸引住了。这里，在日本完全无法想象的、打着灯笼也难找的好东西数不胜数。视线尽头，是挂着定价三折标签的COACH（蔻驰）包。我就像要争夺似的（当然我赢了），把包抢到手中。

因为我的背包多是吸引眼球的款式，背上后我便常被店铺的店员们夸"好可爱啊"。对，背包最适合作为沟通交流的工具。

现在陈列于衣帽间里的是五个正好能放进A4文件的

背包，另外还有大小旅行箱各一只。我虽喜欢包，拥有的数量却并不多！我想，家里独霸着五十个上百个包的也大有人在吧。我不这样，因为背包不留意就会贬值，因此总是趁没损坏时就放手。

至于放手方式，总的来说就是送人。就算还正用着的，也在心里盘算好"早晚要送给小某某"等某位婆家人。

包内物品虽然每天各有不同，但大抵是这些：智能手机、钱包、印章、钥匙、卡包、眼镜、日程本、A5 的思考整理本、笔袋，另有装小东西的小包。这小包里有手帕、面巾纸、唇膏、梳子。化妆品只有唇膏。以前还随身带着粉底霜，有次突然意识到"我根本不补妆"这一事实，粉底霜便被"断舍离"了。小包上的小口袋也能做垃圾袋，零碎东西都集中在这小包里。

每天回到家，便将包内物品全掏出来放进收纳筐。包只背一天，就跟垃圾场一样了。就算第二天要背同一款包，也应暂且清空。这样就能"俯瞰"包内物品了。"俯瞰"之下，可对随身物品做个总盘点。这样包内物品既不会缺失，又能得到及时补充。不必要的东西则不再随身携带。

　　"劳累一天您辛苦啦！"让清空了的背包放松休息，尽情呼吸吧！感觉新鲜的"气"被填补上，背包又容光焕发了。

排列开来，是这种感觉

左上起向右：名片夹、卡包（用于乘车的 Suica 卡在其中）、笔袋。

第二排：印章、眼镜盒、小包。

第三排：钱包、智能手机、家里的钥匙。

收纳物品后，俯瞰之下的收纳筐。

里面仅有手帕、纸巾、梳子、唇膏（我不涂口红）四件。

包内物品每晚一股脑地
倒进收纳筐

每晚俯瞰，今天身上背了这么多东西啊！
将易积存于包底的垃圾也清理干净。
第二天又能以崭新的面貌背出去了。

收拾进来

包内物品全部收拾进收纳筐就
是这个样子。翌日不需要的物
品不再放进这个筐里。将收纳
筐放回衣帽间。

钱包，钱物之家

先决条件是全开放式，能够俯瞰

　　在店铺结账时，有时会被店员问到"在哪儿买的钱包"。我的钱包一年比一年花哨，是的，钱包每年都买新的。

　　经过年末一番忙碌，在一年的转折点"节分"（日本传统节日，特指立春的前一天）到来前，我买了个新钱包。虽说不太喜欢"走运呀"这类小家子气的言辞，不过钱包确实讲究吉利。亮闪闪的，不，光彩夺目、气势十足的钱包拿在手里，感觉就是很富有！我还喜欢把用得依然光洁如新的钱包送给朋友："这可是财运亨通的钱袋子哟！"连自己都觉得会年年高升。

　　买钱包时的绝对条件是全开放式，能够"俯瞰"。

一天结束，"俯瞰"钱包内部。尽管原则上不要收据，但因经费结算的需要会留下几张，得整理它们。

积分卡类一概不办、优惠券类一概不收。这都是想得些小便宜的心思的表现。极少人能将卡用到最后攒下积分，而且白送的马克杯也未必就是真心想要的。

装进钱包的有两张信用卡、可做身份证明的保险证和驾驶证，这就是全部。还有人随身带着挂号证，内科、耳鼻科、牙科等证件好几张，其实只在去医院时带上这些即可。健身俱乐部等的会员卡也是一样。

现在介绍一下我这花哨的钱包和一位朋友的钱包，很有趣，几乎是两个极端。

我的钱包是色彩艳丽的粉色釉质材料，她的则是素雅的茶色葡萄蔓自然材质。用住宅做比喻的话，我住的是大型房产建筑商规划的定制公寓，而朋友住的是当地小建筑公司按土法建成的传统家居。

因为喜欢新居，一年搬一次家、吐故纳新的我，始终住在品质逐步提升的家里。她则是一直居住在一成不变的家里。是啊，人与人的嗜好和习惯都不同，关键是住在这样的家里的人能否开心地生活。

· 钱包 = 家

· 钱财 = 家中的物品

因此，看了钱包，那人家里的情况便可了如指掌。而且也可通过钱包是什么状态，来看透人与钱物的关系。钱包里满是我们潜意识的证据……也就是说，我有挥金如土的潜在欲求，而朋友期望一分钱掰成两半花。

顺便说一句，听说她不管多着急都不忘吸口气停顿一下，将纸币的上下方向码齐再放进钱包。例如在便利店里，就算身后有顾客排队也这样，顶多一两秒的事，我很想学学她的样子。相反，我在出租车上接过的找回的零钱，多是一下子直接塞进钱包。只有在一天结束时，会俯瞰着钱包将纸币方向整理齐。

钱包确实能深刻反映出持有者从钱的花法，乃至性格到生活方式的方方面面。

要选全开放式可俯瞰的钱包

革小物（皮革制作的小物件）品牌，米开朗琪
罗钱包，虽有很多内袋，随身携带的只有一张
银行现金卡和两张信用卡。

月历式记事本和三色笔

日程满满，房间杂乱！

我记录日程时选择用月历式款式简单的记事本，以前也用过连日记带将来的梦想等都能密密麻麻地写进去的记事本，最终还是回归了简单的式样。

书写则用三色可擦圆珠笔"FRIXION BALL"，以时间红、地点蓝、内容黑的三分法做区别。过去按私事和工作来区分颜色，没多久就意识到"没有公事私事之分，所有时间都该珍惜，都应享受"，现在转为"三分法"。

其实每天的日程与房间的整理关系极大。

日程越满，房间越杂乱无章！

经常有人请我去指导办公桌周边如何"断舍离"，最近去看的那办公桌可真让我大开眼界。有三位从事媒体工作的客户，每天忙得不可开交。拉出的抽屉上堆着文件，文件上还放着电脑。椅子甚至都放不进桌子下面。

啊，大家太忙了。每月、每周、每日、每时每刻都是截稿时间。想想要处理的工作量之大，一定会觉得连为提高效率整理桌面所花费的时间与体力都太不值得。遗憾的是，其结果便是恶性循环。不过，或许是长期习惯了这种状态，他们毫无危机感的样子反而更成问题。"请不必择言，别留情面！"在这样的要求下，我就当真不留情面地指导了一番，却终归是应急外科手术式的权宜之计。做手术就难免会相应地伴有伤痛，只有这伤痛彻底痊愈，才能恢复正常的新陈代谢。

什么时候发现屋子开始凌乱，就该重新审视一下日程表了，这一点请务必牢记在心。

说说我的日程：上午在喜欢的时间起床，写写稿子，收拾家里，下午或接受采访或商谈，有时晚上也有约。现在制作中的书有好几本，瞅准空闲时间安排出差、旅行、探亲……

俯瞰灵光一闪的
"思考整理本"

一旦导出，及早放手

　　一定会装进背包随身携带的 A5 笔记本，被我命名为
"思考整理本"。这本子不限厂家或品牌，并总用方格本。
虽然我完全不按方格书写，却既不用横线本也不用空白本。

　　在商谈或接受采访时，将自己脑袋里灵光一闪的想法，
随手记在本子上。"好主意闪现出来"，但只在一念之间
就会像沙子般急速流失。因此并非要将这闪念完整记录，
而是用图示或写成标题模样的一句话唰唰地记下。

　　比如，某一天的页面上写着：

　　·一成不变未免无趣

　　·标新立异恐难心安

　　这是在分析买了新衣却没穿这一"失败的理由"时写下的，混乱的思绪忽地在那一瞬间清晰起来。这样俯瞰笔记本上的闪念，便如获得了源泉，新灵感接踵而来，新构想不断形成。

　　将这些条理清晰的想法反映到文稿中、发布在博客上后，笔记本的使命便宣告完成。我几乎从不回头再看笔记本。也有个时期曾将笔记本保留一段时间，后来意识到不会再回头查看，便毫不留恋地将其舍弃。即使还在使用的本子，一旦摘录用掉，我也会按装订线马上剪下扔掉。这样一来，笔记本也渐渐地变轻变薄了。

　　记录时我爱用的是仿毛笔橡胶软头签字笔，沙沙地在纸上书写的手感，真可谓前所未有地畅快。

　　还有一个钟情于这支笔的理由，是能感知到书写时的横向动作。平常写稿做的是敲打电脑键盘的动作，也就是纵向动作。而用笔在本子上书写，做的是横向动作。这些动作对大脑起的作用正相反，两方面平衡起来，就会对大脑产生相当强烈的刺激。

从自身需求出发
考虑使用电视

能否按自己的意图开或关

以独居生活为契机，我"断舍离"掉电视，过了一段没有电视的日子。

虽说没感到特别不便，但因突然有了上电视的机会，便忙不迭地奔向家电卖场。碰巧有台卖剩的，很便宜就入了手。

这是台轻薄紧凑、带有方便搬动把手的电视。选择DVD、CD播放器时也同样，我重视的是家电的设计式样。就功能来讲，能看、能听、操作简单就足够了。从室内装潢来看，能成为艺术品才是选购标准。

我家的电视化为书房景致的一部分，实在不是自我表现强烈的那种类型。当然也有坐镇家居中心，俨然主人一般的电视。

客厅就是看电视的地方，这样的家庭也为数不少吧。令人紧盯着画面拔不出眼，电视确实拥有这种魔力。

电视与日本人的生活已经无法分割。姑且不谈电视以何种形式在家庭中存在，就以人与电视的相处方式而言，我觉得完全体现在下面一点：

那就是能否按自己的意图开启或闭合开关。

选定电视节目按下 ON（开），看完节目按下 OFF（关）。你能按自己的意愿做这些动作，能按自己的需求来控制吗？

将电视说成恶人倒是过于片面，毕竟电视也可作为获取信息的手段而被人们需要！有关灾害类新闻到底还是电视更靠谱，况且我现在还正津津有味地看着 NHK（日本广播协会）的早间连续剧呢。不过，15 分钟的电视剧一播完，我就啪的一声关掉它。

"一到家就无意识地打开电视，只任由信息自顾自地流淌……"不管怎样，我决不允许这种情况发生。倒是也有"没有声音心里就不踏实"的人，这就看出自我管控的必要性了。

为看自己在电视上出镜而买回电视，结果却仅看了最初那次。自己在电视上的形象怎么样呢？从那以后，我一次也没再看过。

第七章

"通"空间

铺在三合土上的玄关蹭鞋垫

让"欢迎光临"与"我回来了"的空间充满美感

玄关，是对宾客们说"欢迎光临"的地方；对我，则是宣布"我回来了"的场所。无论自外而内，还是自内而外，这都是自然平稳连接空间与空间的重要地段。

脱鞋进门处放置蹭鞋垫并不稀奇，而我偏偏要铺在玄关三合土上。于我而言，这雄踞玄关的蹭鞋垫才是"欢迎光临"与"我回来了"的标志。

日式空间中，从三合土到家门口之间都铺着敦敦实实的石头，也有的宅院铺设木条踏板。

这里是并不完全将外与内隔离开来的中间层，而是穿鞋光脚都没关系的模糊区域，也可以说它具有无意识的门帘的作用，告知来者"从这儿起就是家啦"！

我家这块丝绸质地的玄关蹭鞋垫，厚厚重重，相当结实。因公寓在内阶梯之上，几乎不会被泥沙弄脏。尽管这样，玄关蹭鞋垫还是每隔三个月就被送去洗衣房清洗一次。这期间，另一块蹭鞋垫登场，两块轮流使用。

两块垫子是在不丹和泰国的市场上淘来的，色彩鲜艳，图案大胆又不失细腻。"一定要用到我家玄关上"，当场我就被它们迷住了。对盘碗等器具完全经不起诱惑的我，对布类也同样如此，旅途中遇到这种可心的东西，说买就买。

三合土上铺了玄关蹭鞋垫，大多来宾会留意到，都禁不住要稍稍回头瞧瞧，或犹豫着该不该穿鞋踩上去，或赞一声"真漂亮"表示关心，反正总会在这里停顿一下才进家门。

还多亏了这块蹭鞋垫，我再也不好意思把玄关搞得乱糟糟的了。脱下的鞋子放进鞋橱，雨伞同样置于门后。因为玄关处不再放拖鞋、拖鞋架、伞架等，自然而然地就凸显了蹭鞋垫的存在感。厨房蹭鞋垫与卫生间蹭鞋垫因难保清洁被淘汰了，只有玄关蹭鞋垫享受特别待遇。

"请光脚入内"

清洁的家居，不备拖鞋

在家里光着脚最棒，不管怎么说这样都最舒服。我家里不置备拖鞋，请客人也光脚入内。

我经常投宿的旅馆老板也是这样做的。虽是个小旅馆，地板却涂着漆，相当考究。"这些漆能保住，是因为我家不穿拖鞋。"拖鞋，相当于砂纸，会通过细微的尘土摩擦损伤地板。这位旅馆老板还说："光着脚真舒服，请光脚入内。"

在家里是光脚还是穿拖鞋，跟各自的生活方式有关。只不过，这其中也有不穿拖鞋就进不了门的垃圾场式的住所。我曾经登门拜访过这样的家居，主人笑道："你赤着脚就知道地板到底有多脏了。"

不置备拖鞋，还有一个好处就是玄关处不会乱七八糟。当然，也不需要拖鞋存放架。而且拖鞋脏了还不易清洗，极难保持清洁。

现在说说我的一位友人，她步入婚姻殿堂的机缘，竟与拖鞋有极大的关系。究竟怎么回事？

她与现今的丈夫都是满怀热情，致力于"断舍离"的"断舍离主义者"。有一天两人突然在街上相逢："忙着'断舍离'？"话题由此热烈展开。当时，她随口说了一句："那来我家看看？"此前，从不将自家示于外人的她，说因为他也是"断舍离主义者"，便有了"给他看看""希望他看看"的心思。而他一进友人家门，竟脱下了袜子。她见此情景，感到"他接纳了自己"。她说："以前家里脏得根本不能脱袜子，没什么能比客人脱下袜子更让人欣慰了。"

这便成就了一段婚姻，人生真是奇妙。

进别人家门时，且不说光脚是否有失礼数，但一定能看得到另一种意义上的伟大效果。

鞋子占不到鞋橱的一半

像鞋店那样展示

是不是以为喜欢鞋就意味着要有许多鞋？鞋多，鞋橱就得不断扩容，不用多久便压迫到了生活空间……若将其当作藏品欣赏倒无可厚非，不过收藏起来可真是很费钱的。

我也是很喜欢鞋子的一个人，正因如此才挑得苛刻穿得仔细。每买到与心情相称的鞋子，便穿到不想穿为止。我不光喜欢穿，还热衷于展示。眼见鞋橱里的鞋子与摆在店面出售时一样好看，心里就喜不自禁。鞋与餐具都要以展示的姿态收纳。

所以鞋橱收纳应控制在五层以下，一层最多摆两双。在放下三双鞋也绰绰有余的空间也要留出一双的空当。虽然曾经也梦想过摆上三双同款不同色的 Pumps 皮鞋（女式浅口无扣无带皮鞋），现在好不容易才克制住。

只因有了一双鞋的空当，鞋橱的感观就为之一变。于是便有了宾客的专用区域，这空当更是余裕的佐证。并因通风良好，鞋子一双一双的，很招人喜爱。

鞋子少，保养起来也轻松。尽管 Pumps 皮鞋面积小，几乎不会被沾上污垢，但保养略有疏忽也会早早留下伤痕。到家后，要赶紧用布擦拭干净。按"随手清洁"的方式，污迹与浊气都不会积存。这样也不需担心鞋子发臭与鞋橱发臭了。

我的鞋橱里，除了四双 Pumps 皮鞋，另有两双运动鞋、一双凉拖、一双靴子。因为眼下没什么运动，运动鞋极少出场。

旅游时我喜欢穿着带跟鞋东转西转。海外的酒店晚宴几乎都要穿礼服，所以一定要带双有跟的 Pumps 皮鞋。有人将带跟鞋装进旅行箱带在身上，我却相反，直接穿着带跟鞋上飞机，为慎重起见再捎双旅游鞋。不穿旅游鞋出游的情况也常见，上次去秘鲁秘境旅行，我的确全程穿着带跟鞋。

靴子一冬一双。靴子魅力无穷，虽说稍不留神就会两双三双地买起来，不过我照例还是仅此一双穿到尽兴。因为靴子价格高，于是选购了与任何外套都相搭的长筒基本款。

因为喜欢，才更精挑细选

价格昂贵、流行期也较长的鞋，会因"不舍得扔"而闲置鞋橱吗？我只持有现在常穿的鞋。

鞋橱里也设宾客专区

能摆下三双？能摆下也只摆两双或一双。我的鞋子看似不多，其中也有不怎么穿的鞋，"断舍离"中……

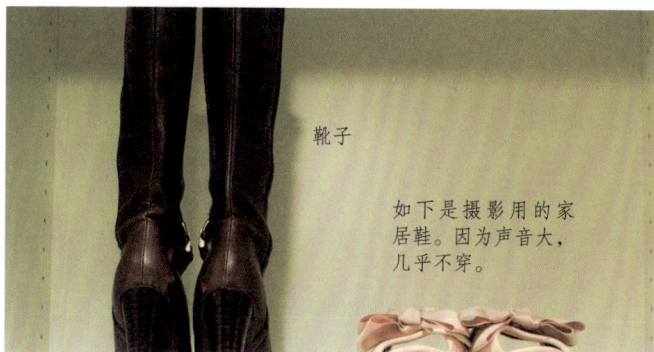

靴子

如下是摄影用的家居鞋。因为声音大，几乎不穿。

工作用

就在几天前，穿着它起程去了友人身边，有点重。

轻便鞋，日常穿着。

花哨的"凉拖",多在公寓内穿着。

我的爱伞

折叠伞

伞在这里等待雨天

鞋橱旁是放伞的地方。用过的伞晾干后置于此。关上门,玄关里就不见伞的身影。用毛巾或苫布设个临时放置场所来放客人的伞。

称心合脚高跟鞋，一季两双

七分高跟，英姿飒爽

穿上 7 厘米高跟鞋，做个脚下漂亮迷人、英姿飒爽、健步如飞的女人吧！穿高度适中的高跟鞋能刺激神经，穿平底鞋连脚步也因此吧嗒吧嗒的，像是失去了紧张感。

每人都有一个正好适合自己的鞋跟高度。问问鞋店店员，她们会耐心给出建议。我五十岁以后开始穿裙子。"反正要露出脚来，那就漂漂亮亮地展示一番吧！"打定主意后反复试穿，最终选定了七分跟。

我总共拥有四双高跟鞋，平日里常穿的却只有一双。就这几双鞋子无尽循环，穿啊穿啊，穿到不能穿，说句"蒙您关照啦"，便放手淘汰掉。

　　春是变化的季节，变化从脚下开始。在早春，还能感受到冬的余威之时，便略带喜气地去买春色 Pumps 皮鞋。感觉全新的 Pumps 皮鞋会使心情、步履都轻松起来。

　　一到暮秋，过惯了雪国生活的我，欢天喜地地提早开始为越冬做准备。

　　过去的必需品是橡胶长靴，而如今，去买秋冬 Pumps 皮鞋已成惯例，此间再加进双长筒靴的话就更是一冬无忧了。这买鞋行为，简直就像欣赏季节变迁的仪式盛典。

　　季节是大自然的新陈代谢，为与其相呼应，身边物品也该新陈代谢。以一个月为周期循环往复，相对早已无须随季更换的着装，鞋子更能带给我因季节变迁而生出的喜悦。

　　伫立鞋橱前，再次审视鞋子们，发现同为 Pumps 皮鞋，脚尖处却是清一色的开口式样。无论春夏、不管秋冬，脚尖是能量的出入口，不知不觉中，像是始终在选购能使身体能量循环起来的式样。

一人一伞

心爱的雨伞，怎会忘记带回？

我喜欢雨。不觉得暴风雨天因气压变化会让人坐立不安。天气的"气"就是心气的"气"。我也喜欢大雪。下雪的日子大家都会亲近起来，相互嘘寒问暖，相互留意关心。雨后的空气也清新怡人。

下雨天，回到家里，直接撑开用过的伞晾干。晾干后收进鞋橱旁的放伞处，伞架从未派上过用场。

原本需要伞架吗？**"到底是怎样的一大家子人？"**领教过大量雨伞溢出伞架，不禁生出如此疑问。"那儿能有美感吗？"这可真是无意识的行为，尤意之中就有了伞架，又在浑然不觉中使用。可见没加入任何的自主思考。

　　对啊，这场面，说的就是母亲家玄关曾经的模样。当时，母亲家住着两个人：母亲与其外孙，也就是我的儿子。我半月前去探望他们，发现不知何时伞竟悄无声息地增加了，总共 8 把。能看出伞的数量与居住人数不吻合的却仅我一人。

　　雨伞数量增多的理由不难推测。想必儿子将伞忘在职场，第二天在雨中奔跑的狼狈模样记在了母亲心里，虽然儿子并不介意被雨淋湿。结果，母亲便多准备了几把，像如临大敌般万事俱备。按母亲的说法，不过"区区 8 把伞"，而我这"狠心"的女儿说："到底怎样才能一次撑两三把伞呀？"

　　母亲曾在被塞得嘎吱作响的伞架前想当然地说："客人们回家时碰上下雨可以借给他们嘛！"到母亲家来访的客人几乎都开车，人数也少得可怜，能有多大的概率那么倒霉，偏偏遭逢雨天而又没伞呢？

　　长伞一把于我足矣（另外，我包里还有把折叠伞）。我买的这伞，撑开来的图案也是赏心悦目美不胜收。式样上，伞的外侧极其简单，内侧则绘有图案。带着这样的伞，绝不会有忘在什么地方的可能。视若珍宝般小心再小心地用两三年，直到"差不多可以啦"的念想一动，就再买把新伞取而代之。而新伞又让我更急切地盼望雨天的到来。

灾害储备，6 瓶水

心存不安，囤积储备心也难安

常言道"有备无患"，到底储备多少才不会感到不安呢？有 3 天储量会安心？不，这次没有 5 天储量就难安心。那有 5 天储量就放心了？不，下次没一周储量就难免不安。要是打算备下半年的储量，那还了得！这真成了"因备而患"！相比不知何时发生的非日常事件，日常生活更重要，给日常生活带来妨碍的非日常储备完全没有必要。

我的灾害储备，只有水。2 升的矿泉水最少 6 瓶一箱，最多存下 12 瓶。这些水平日也用，旧去新来不断更新。

我不特别储备粮食。只要冰箱或冷冻室里有面包，就能挺得过 3 天。灾害发生时，72 小时被认为是命运的分水岭。因此，要在最初的 3 天里一边努力自救一边考虑接下来该做的事。

您明白储备与囤货的不同之处吗？所谓储备，应当是合理的危机管理，但即便是同样的物品，一旦囤积就失去了其合理性。因为心中不安而大量购买粮食，不安即被物化。被物化的不安会诱发更强烈的不安，简直如同地狱里无休无止的恶性循环。只要聚焦"不安"，无论囤积什么，无论存有多少，都难得心安。

与其这样，不如关注"此时此地"。关注来之不易的"此时此地"，就会与相信未来产生关联。由此，充满信心的未来便会奔腾而来，这种逻辑体系存在于世间。

另外，储备水不是放在厨房里，而是置于玄关橱柜上，这儿全是灾害发生时能用得上的东西：油灯、蜡烛、工具、胶带、厕纸、面巾纸、干电池、备用灯泡。橱柜上部是电闸，停电时检查电闸，也可点起油灯。

顺便说一句，与手电筒不同，油灯更有情调，用作编导剧情也很好。我就曾用油灯调出微光，点亮了客人的餐桌。

收纳于玄关前的都是方便拿到客厅、卧室、盥洗室及任何一个房间的物品，并以紧急时刻能从玄关拿去避难的物品为主。

非常时期用的矿泉水存放在这里

玄关橱柜右边门里是储备的6瓶矿泉水。最下面的是出租公寓的入住者指南。"断舍离"掉历代住户的物品后，好歹剩下这个数。油灯及赏叶植物营养剂置于其上层。

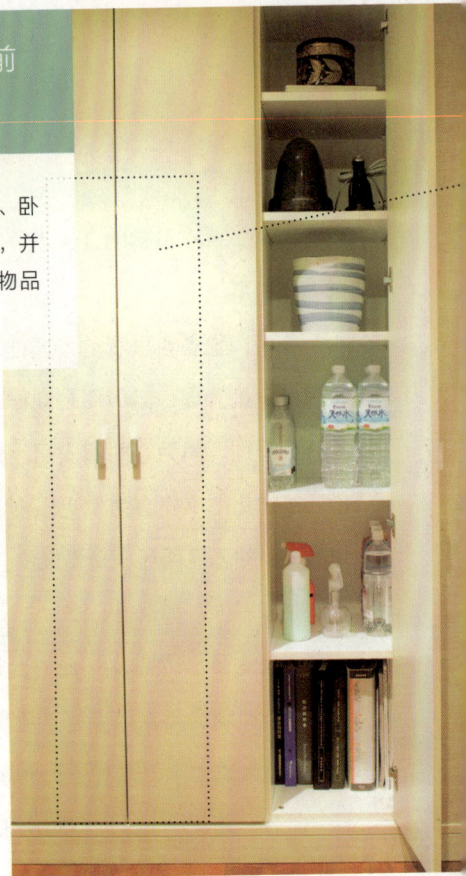

将小工具放在无盖筐内

纸类上层的3个透明筐用于收纳零零碎碎的工具。黏黏的、极易黏附灰尘的胶带放入自封袋内保管。

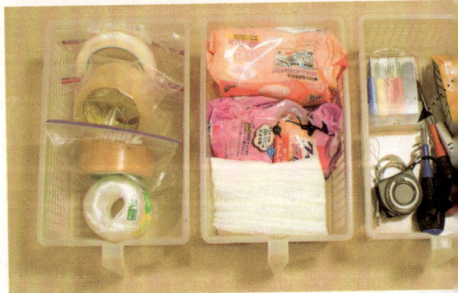

**占用空间的备用
纸类存放于此**

玄关橱柜左边门里以
面巾纸、纸巾、已从
袋中取出的厕纸的备
用品为主。手够不到
的最上面一层不用。

使用频率高的物品靠眼前放置

左边抽屉里，放着厨灶点火枪及打火机。抽屉中物品
按使用频率的高低顺序自跟前依次放置。右边抽屉里，
备用电池、灯泡等摆放在透明盒中。

结束语

筑起属于你和我的地方

有个等我归来的空间,

有个迎你登门的地方。

于是,我总是这样念想。

此刻,我的这间房,

正以怎样的心情等我,

将以怎样的姿态迎你?

而且,我总是这样祈望。

我要尽获轻松舒畅,

你该得享意满心爽。

是啊,我渴望拥有这样一个地方,

理解我的舒畅,款待你至心爽。

独处时惬意，伴你间欢畅。

这便可谓借"犒劳"代疗伤，

假"款待"以共勉的生活和地方。

至简空间情趣生活，

情趣空间至简生活。

拥有这般感受的断舍离空间，

必可得觑隐隐的生活感，

定会飘溢幽幽之生活香。

——山下英子

MONOGAHERUTO KOKOROHAURUOU KANTAN 'DANSYARI' SEIKATSU
by Hideko Yamashita
Copyright ©2020 by Hideko Yamashita
All rights reserved.
Original Japanese edition published by Daiwashobo.
Simplified Chinese edition is published by arrangement with Hideko Yamashita
through Hana Alliance Consulting Co. Ltd.,

著作权合同登记号：图字 18-2020-214

图书在版编目（CIP）数据

　　断舍离·家的日常 /（日）山下英子著；纪鑫译
. -- 长沙：湖南文艺出版社，2021.5
　　ISBN 978-7-5404-9529-9

　　Ⅰ.①断… Ⅱ.①山… ②纪… Ⅲ.①人生哲学—通俗读物 Ⅳ.①B821-49

中国版本图书馆CIP数据核字（2021）第070168号

上架建议：心理励志

DUAN SHE LI · JIA DE RICHANG
断舍离·家的日常

作　　者：[日] 山下英子
译　　者：纪　鑫
出 版 人：曾赛丰
责任编辑：匡杨乐
监　　制：邢越超
策划编辑：李齐章
特约编辑：李美怡
版权支持：辛　艳　金　哲
营销支持：霍　静　文刀刀　周　茜
装帧设计：利　锐
出　　版：湖南文艺出版社
　　　　　（长沙市雨花区东二环一段 508 号 邮编：410014）
网　　址：www.hnwy.net
印　　刷：三河市中晟雅豪印务有限公司
经　　销：新华书店
开　　本：880mm × 1270mm　1/32
字　　数：120 千字
印　　张：7.5
版　　次：2021 年 5 月第 1 版
印　　次：2021 年 5 月第 1 次印刷
书　　号：ISBN 978-7-5404-9529-9
定　　价：49.80 元

若有质量问题，请致电质量监督电话：010-59096394
团购电话：010-59320018